KB096504

세상의 모든 빈자리를 사랑으로

세상의 모든 빈자리를 사랑으로

채움

김홍식 글 | 유영호 그림

다연

1916년에 태어나 제48대, 제50대 영국 수상을 지낸 해럴드 윌슨이 광장에서 국민들에게 연설을 하고 있었다. 아무도 예상하지 못한 순간 계란이 날아와 그의 얼굴에서 터졌다. 민감한 정치적인 사안을 이야기하는 상황도 아니었다.

도대체 누가 무슨 이유로 계란을 던졌을까? 사람들은 궁금한 표정으로 계란이 날아온 방향을 돌아보았다. 경호원들이 달려가자 그곳에는 어린아이 하나가 계란 하나를 들고 서 있었다. 양손에 하나씩을 들고 있다가 하나를 던지고 하나를 가지고 있었던 것이다. 계란을 던진 사람이 어린아이라는 것을 확인한 윌슨은 군중들 앞에서 아이와 이야기를 시작했다.

"이름이 뭐니?"

"000입니다."

"어디 사니?"

"000 살고 있어요!"

"전화번호는 알고 있니?"

"네! 000 번이에요!"

아이는 순진한 표정으로 윌슨의 질문에 대답하였다. 아이의 신상을 확인하는 윌슨을 보고 사람들은 수군대기 시작하였다.

"아마 나중에 부모를 처벌하려고 그럴 거야!"

"뭔가 후속조치가 취해지겠지!"

"배경조사가 이루어지고, 부모나 배후 세력을 처벌하려 하겠지!"

"아이가 뭘 알겠어! 누군가 던지라고 시켰겠지!"

월슨이 아이와의 대화를 마치고 사람들에게 말했다.

"제가 아이의 신상을 파악한 이유는 아이를 처벌하거나 배후 세력을 조사하기 위해서가 아닙니다. 저는 철없는 아이의 행동을 법적으로 처리하고 싶은 생각이 없습니다. 다만 저 먼 거리에서 계란을 던져 제 얼굴을 정확히 맞출 수 있었다면 몇 년 후엔 영국 야구계를 깜짝 놀라게 할 인물이 될 수도 있다는 생각이 들었습니다. 하여 저는 아이가 야구선수가 될 수 있도록 후원할까 합니다!"

월슨의 말이 끝나자 사람들은 우레와 같은 박수를 보냈고 그날의 연설은 대성공으로 마무리되었다. 아이의 잘못된 행동을 처벌하는 것보다 아이의 잠재력을 채워주고 싶다는 월슨의 의도는 순간 많은 사람들의 호감을 얻었고, 그에 대한 지명도를 높이는 계기가 되었다.

잘못한 것을 혼낸다고 갑자기 잘하게 되지 않는다. 그런데도 우리는 순간의 감정을 참지 못해서 혼내는 것을 선택하며 살고 있다. 그러나 못하는 사람에게 더욱 절실히 필요한 것은 잘할 수 있는 가능성을 채워주는 말과 후원과 분위기이다. 우리의 삶은 부족함을 혼내고 처벌하는 것보다는 가능성을 채울 기회를 얻는 것이 더 필요하다.

사람은 세상에서 무엇과도 바꿀 수 없는 가장 귀한 존재라는 것을 누구도 부인할 수 없다. 사람이라면 누구라도 사람값을 할 수 있는 기회가 주어져야 하고, 사람답게 사는 법을 알 수 있어야 한다. 사람을 사람답게 하는 것은 물리적인 것보다는 정서적인 것이다. 정서적인 것 중에서도 사람을 사람으로 대할 수 있는 사랑의 감성이다. 사람을 사랑할 줄 아는 감성이 채워지지 않으면 인간의 모든 지식과 재능과 기술과 도구들은 사람을 해치는 것이 될 위기에 놓인다.

현대는 물질적인 풍요의 시대이다. 원하는 것을 대부분 할 수 있는 기술의 시대이고, 상상하는 것을 실생활에 적용할 수 있는 첨단과학의 시대이다. 하지만 많은 사람들이 탄식하고 있듯 인간성 상실의 위기에 처한 시대이기도 하다. 집은 커졌지만 마음은 작아졌고, 길은 넓어졌지만 소통의 기회는 좁아졌고, 좋은 물건은 많아졌지만 좋은 사람은 줄어들었다.

무엇이 우리의 세상을 이렇게 만들었을까? 무엇이 현대를 이렇게 각박하게 만들었는가? 나의 소견으로는 사랑의 감성에 대한 채움이 부족했기 때문인 것 같다.

사랑은 모든 인류의 최종적인 결론이다. 사랑하고 사랑받는 것보다 더 나은 것을 발견한 사람은 아직까지 없다. 앞으로도 없을 것이다. 인간이 소유하고 나눌 수 있는 최고의 가치는 사랑이기 때문이다. 세상의 모든 철학과 학문도, 기술과 과학도, 사랑이라는 결론을 넘어서지 못한다.

하여 나는 사람들의 입에 많이 오르내리는 고린도전서 13장의 사랑에 대한 말씀을 현대인의 정서에 맞게 재해석해보았다. 성경이 인류의 위대한 정신적 유산이라는 전제 아래, 종교의 한계를 넘어 지금 우리 시대와 우리 마음의 빈 공간을 조금이라도 채울 수 있기를 소망하며…….

2011년 성탄절 아래서
김흥식

차례

1chapter ♥ 가장 아름다운 소리로 채움

내 마음을 채우는 데는 많은 것이 필요하지는 않습니다.

평생 잊지 못할 그대의 말 한 마디면

내 마음은 더 이상 허전하지 않습니다.

나를 위한 소리인지 너를 위한 소리인지

듣는 순간 나는 알 수 있습니다.

나를 위해 하는 말이라고 하지만

가만히 듣고 있으면 그건 나를 위한 말이 아니라

당신 자신, 즉 너를 위한 말임을 알 수 있습니다.

부탁합니다.

나에게 말할 때는 제발 나를 위한 말을 해주세요.

나도 당신에게 말할 때 너를 위한 말을 하겠습니다.

나의 마음은 나를 위한 말로 채워지고

너의 마음은 너를 위한 말로 채워지기 때문입니다.

우리는
얼마나 많은 말을 하고 사는가?

드라마와 뉴스, 시와 소설, 신문과 영화 등의 모든 대중문화는 말로 이루어진다. 현대를 비주얼시대라고 말하지만 말이 없으면 아무 것도 이루어지지 않는다. 대사 없는 드라마, 말 한 마디 없는 주인공을 상상할 수 있을까?

세상은 말로 구성되고, 말로 움직인다. 모든 일은 말로 시작하고, 말로 마친다. 즉, 말은 인간 사회의 기초이다.

거실에는 밥 먹으라는 어머니의 말과 대답하는 가족들의 말이 섞이고, 학교에는 공부하라는 교사들의 말과 "힘들어요!"라고 대답하는 학생들의 말, 직장에는 바쁘게 움직이며 "빨리 빨리"와 함께 터져나오는 "아이고"라는 말, 거리에는 친구와 동료를 소리쳐 부르는 말과 물건을 사라느니 깎아달라느니 하는 말 등 온갖 소리가 동시에 울려퍼지고 있다. 하늘과 바다와 산과 강, 땅속까지도 사람의 말이 가득 차 있고, 심지어 우리의 머릿속에도 해야 할 말과 하지 못한 말들이 가득하다.

그 말들은 나에게 어떤 의미가 있는가? 단 하루도 말 없으면 안 되는 삶을 살아가고 있지만 정말 우리에게 의미 있는 말은 과연 얼마나 될까?

우리가 매일 듣고 있는 말들은 사실 우리의 인생과는 별로 상관없는 말들이다. 거리나 카페에서 심각한 표정으로, 세상의 운명을 좌지우지하려는 기세로 대화를 나누는 사람들을 쉽게 발견할 수 있다. 그러나 그들이 나누는 이야기들은 '점심시간에 무엇을 먹을 것인가?' 와 같은 아주 사소한 것들에 관해서이다. 아무 거나 먹어도 되고, 한 끼 정도는 안 먹어도 되는 것인데 운명이 결정되기라도 할 것처럼 혹은 국가 일급비밀이라도 되는 것처럼 무겁게 이야기하고 있다. 그러니 남의 이야기에 귀를 기울이다 보면 공연히 시간만 허비했다는 탄식으로 돌아서게 된다.

밥값
계산했어요!

세상을 가득 채우고 있는 많은 말들은 대부분 우리의 마음을 채워줄 수 없는 말들이다. 들어도 그만 안 들어도 그만인 말들이 허공을 날아다니고 있다. 그 많은 말 중에서 사람에게 가장 큰 감동을 주는 말은 무엇일까? 누구라도 한 번 들으면 오래도록 잊을 수 없는 말, 마음 속 깊이 여운을 남기며 울리는 말은 어떤 말일까?

필자는 개인적으로 가장 좋아하는 말이 두 가지 있다.

"밥값 계산했어요!"

"하하하하!"

이 두 가지 말은 언제 들어도 좋다. 함께 식사를 마치고 일어서는데 누군가 다가와서 나에게 전해주는 말, 지갑을 열기 직전에 계산원이 건네는 말 "밥값 계산했어요!"는 세상의 그 어떤 말보다 듣기 좋다. 그리고 내 주위에서 울려퍼지는 "하하하하!" 하는 웃음소리는 나의 마음과 영혼을 하늘 높이 밀어올려준다.

밥값을 계산했다는 것은 누군가 나를 위해 내가 먹은 것의 대가를 치렀다는 뜻이니 내 돈이 절약되어 좋고, 자기 돈을 아까워하지 않을 정도로 나를 사랑하거나 존경하거나 위한다는 표현이라는 생각이 들기에 좋다.

"하하하!" 하고 웃는 소리는 나의 마음에 기쁨을 주고 내가 있는 공간을 즐겁게 만들어주기 때문에 좋다. 그렇게 마음 놓고 웃을 수 있다는 것은 함께 있는 사람들이 그 순간만큼은 서로에게 좋은 대상이라는 의미이고, 웃을 만큼 즐거운 일이 있기 때문에 웃는 것이니 얼마나 좋은가.

아버지의 한 마디

그의 아버지는 정년퇴직하기까지 딱 한 번밖에 결근한 적이 없을 정도로 성실한 분이었다. 수많은 어려움을 겪으면서도 힘들다는 말 한 마디 없었고, 즐거운 일이 있으면 웃기만 했지 즐겁다는 말을 하지는 않았다. 그런 분이 퇴직 후 집에서 손녀를 돌보며 생활한 지 얼마 지나지 않아서부터 알아들을 수 없는 말씀을 자주 하셨다.

원래 말수가 적은 분이기에 발음이 정확하지 않아서 그런 줄 알았는데 시간이 지날수록 가족들과 의사소통이 어려워지는 것이 확연해졌다. 말수가 적어서가 아니라 몸에 이상이 생긴 것이 분명해 보였다. 병원에 가서 진찰을 해보자고 해도 "때가 되면 죽어야지 억지로 살아서 뭣하냐?"며 병원에도 가지 않는다고 하였다.

건강보험공단에서 해주는 건강검진을 핑계로 그는 아버지를 모시고 병원을 찾았다. 진단 결과 뇌종양 말기로 수술도 불가능한 상태였고, 요양하다가 편안한 임종을 기다리는 것밖에 아무 것도 할 수 없다고 했다.

집으로 돌아온 후 아버지의 상태는 급격히 나빠졌다. 말하는 것은 점점 더 어눌해져서 가족들은 아버지의 말을 알아듣지 못했지만 평소의 생활 습관에 비추어 무슨 말씀을 하는지 짐작으로 이해했다. 하지만 아버지의 의도와 속 깊은 뜻은 알아들을 수 없었다.

가족들과 정상적인 대화를 나누기 어려워진 아버지에게 아직 말이 다 트이지 않은 어린 손녀의 재롱을 보는 것이 유일한 낙이었다. 그러면서 아버지는 자신의 임종을 준비하고 있는 것 같았다. 그러던 어느 날 손녀의 재롱을 바라보다가 문득 무언가 떠올랐는지 아버지가 아들에게 말을 건넸다. 하지만 아들은 아버지의 말을 알아들을 수 없었다. 아버지 옆으로 다가앉으며 아들이 물어보았다.

"뭐라고 하셨어요?"

"아으아! 아아안아!"

아버지는 힘을 들여가며 정확하게 말씀하시려고 노력했지만 아들은 이번에도 알아들을 수 없었다. 다른 때 같으면 "네! 알았어요!" 하고 넘어갔겠지만 아들은 아버지가 뭔가 중요한 말씀을 하고 있다는 느낌에 아버지의 얼굴에 귀를 갖다 대며 다시 물었다.

"잘 못 알아들었어요! 뭐라구요?"

그러자 이번에는 아버지의 말씀이 또렷하게 아들에게 들렸다.

"아들아! 사랑한다!"

아버지의 말을 듣는 순간 아들은 자신의 귀를 의심하였다. 그러나 아버지의 말은 분명히 들은 그대로였다. 일생 동안 누군가에게 사랑한다는 말은커녕 좋아한다는 말도 해본 적 없는 분이 다 자라서 아빠가 된 아들에게 사랑한다는 말씀을 하신 것이다.

아버지는 놀란 눈으로 바라보는 아들을 피해 얼굴을 돌렸다. 아마도 아버지는 일평생 하지 못했지만 매일 하고 싶었던 말을 마지막 순간이 다가온다는 것을 직감하고 최후의 용기를 내서 하신 모양이다.

그 말을 끝으로 아버지는 말 못하는 손녀와 주고받는 교감 외에는 누구와도 대화를 나누지 못하다가 돌아가셨다. 그의 아버지는 이미 오래전에 하늘로 가셨지만 어눌한 아버지의 마지막 한 마디는 아들의 가슴에 날마다 메아리치고 있다.

"아들아! 사랑한다!"

평생
한 마디만 할 수 있다면

사람은 평생 동안 많은 일을 하고 많은 말을 하며 살아가지만 남아 있는 사람들에게는 한두 마디로 기억된다.

"좋은 사람이었어!"

"불쌍한 사람이야!"

"대단한 사람이었는데!"

"에이! 못된 사람!"

"독한 양반!"

내가 없는 자리에서 사람들은 나를 어떤 말로 평가하고 있을까?

한평생 살면서 단 한 마디만 할 수 있다면 나는 무슨 말을 할 것인가?

1년에 한 마디만 할 수 있다면, 한 달에 한 마디, 하루에 한 마디, 한 시간에 한 마디만 할 수 있다면 우리는 지금처럼 함부로 말하며 살지는 않을 것이다. 한 사람에게 한 마디만 할 수 있다면 우리는 사람들에게 어떤 말을 해야 할까?

나는 많은 말을 하며 살고 있지만 사람들은 나의 말 한두 마디만을 기억할 것이다. 그것도 내가 원하는 말이 아닌 내가 원치 않는 말을 기억하며 나를 떠올릴 것이다. 실수로 던진 한 마디, 화났을 때의 한 마디, 싸우며 던진 한 마디를 평생 기억하며 나를 평가할 것이다.

사람들의 마음에 새겨진 나의 한 마디가 제3자에게 전달되는 나에 대한 모든 정보가 된다. 지금 내가 하는 나의 말 한 마디가 다른 사람들에게 나에 대한 유일한 정보가 된다면 우리는 그렇게 쉽게, 생각 없이, 기분대로, 함부로 말하지는 못할 것이다. 한 사람에게 한 마디밖에 할 수 없다는 심정으로 이야기한다면 우리는 지금처럼 아무 말이나 막 하며 살지도 않을 것이다.

끝없는
불평

　침묵의 수도원에 새로운 수련생이 들어왔다. 수도원장은 신입생이 지켜야 할 원칙은 딱 한 가지라고 말했다.

　"오 년이 지나면 한 가지를 말할 수 있습니다."

　수련생은 어차피 사람을 상대하는 것도 싫고 말하는 것도 싫어서 침묵의 수도원을 찾아온 것이니 아무 걱정하지 말라며 수도원 생활을 시작했다. 절차를 마치고 자신에게 배정된 방에 들어가보니 깨진 창문 구석으로 찬바람이 들어오고 있었다. 그러나 이미 시작된 수련생활이기에 규칙을 깰 수 없어서 그는 창문이 깨져서 찬 바람이 들어온다는 말을 참으며 5년을 기다렸다.

　5년이 지나자 원장은 수련생을 불러서 한 가지를 말할 수 있으니 하고 싶은 말이나 건의 사항이 있으면 말하라고 하였다. 수련생은 5년간의 갈등과 고민, 억울함과 속상함을 온몸으로 표현하며 5년 동안 참아왔던 한마디를 원장에게 전달하였다.

　"깨진 창문 구석으로 찬 바람이 들어와서 너무너무 춥습니다. 창문을 고쳐주세요!"

　원장은 바로 고쳐주겠다고 대답하였다. 그날 저녁 자신의 방으로 돌아온 수련생은 창문이 고쳐져 있는 것을 발견하고는 흐뭇한 마음으로 잠자리에 들었다.

그러나 그는 잠자리에 든 지 5분도 되지 않아 다시 일어나야 했다. 창문을 고쳐서 바람이 들어오지는 않았지만 덥고 있는 이불이 얇아서 여전히 추웠기 때문이다. 그는 다시 5년을 기다렸다. 10년째 되는 날 그는 원장실로 달려가 이불이 얇아서 잠을 잘 수 없으니 당장 바꿔달라고 말했다. 그러자 원장은 두말없이 이불을 바꾸어주었다.

수련생은 다시 행복한 마음으로 잠자리에 들었다. 그러나 잠시 후 그는 침대가 한쪽으로 기울어져 있는 것을 발견하였다. 그동안은 깨진 창문과 얇은 이불로 인해 침대가 기울어진 것을 알아채지 못했던 것이다. 하지만 추운 것이 해결되자 기울어진 침대에 신경이 쓰여 편한 잠을 잘 수 없었다.

그는 다시 5년을 기다려 침대가 기울어져서 수련생활에 큰 어려움이 있다고 원장에게 하소연하였다. 그러자 원장이 심각한 표정으로 말했다.

"당신은 우리 수도원에 들어온 이후 십오 년 동안 불평만을 이야기하고 있군요! 이곳에서 계속 생활하는 것이 어렵겠습니다. 그만 집으로 가시는 게 어떨까요?"

그는 5년에 한 가지를 말하고 15년 동안 단 세 가지를 말했지만 그 세 가지 말을 가슴에 담고 15년을 불평이 가득한 채로 살았다. 다른 사람을 마주칠 때마다 그의 마음에서는 수없는 말들이 메아리치고 있었다.

"저 사람의 방 창문은 괜찮겠지? 바람이 들어오지 않는 방에서 자는 사람은 얼마나 좋을까? 왜 내 방에는 얇은 이불을 갖다놓았을까? 이 수도원에서 나처럼 춥게 생활하는 사람은 없을 거야! 누가 침대 다리를 자른 걸까? 일부러 자른 걸까? 어쩌다 부러진 걸까? 관리인은 그런 침대를 고치지 않고 무슨 일을 하는 것일까?"

사람이 하는 모든 말은 입에서가 아니라 가슴에서 나온다. 가슴에 미움이 있는 사람은 사랑한다는 말을 하지 못한다. 가슴에 원망이 있으면 원망을 말하게 되고, 친절이 있으면 친절한 말을 하게 된다. 하루에 한 마디를 해도 그 한 마디는 하루 동안 그의 가슴에 담겨 있던 말이다.

그러므로 말을 많이 하고 조금 하고는 진정한 문제가 아니다. 가슴에 어떤 것이 담겨 있느냐가 더 중요한 문제이다. 가슴에 상처를 품고 있는 사람은 언젠가는 그 상처를 말하게 될 것이고, 고마움을 담고 있는 사람은 고맙다는 말을 하게 될 것이다.

처음 만나는 사람이라도 그에게 한 마디만 들어보면 그가 어떤 사람인지를 알 수 있다. 그 한 마디는 그의 가슴에서부터 나오기 때문이다. 사람의 가슴에 담긴 말은 언젠가 입으로 말하게 되고, 입에서 나온 말은 말하는 사람의 인생을 결정하게 되고, 그의 주변 환경과 인간관계를 구성하게 된다.

아무 말이나 막하는 사람은 막사는 인생이 될 것이고, 안 해도 될 말을 하는 사람은 안 해도 될 일을 해야 하는 상황에 처하게 된다. 좋은 일이든 나쁜 일이든 모든 일은 말에서 시작되고, 말로 매듭을 짓게 된다.

가장
아름다운 소리

사람이 만들어낼 수 있는 소리 중에서 가장 아름다운 소리는 어떤 것일까? 세상에서 가장 아름다운 말을 만들어내는 시인들은 자신들의 말처럼 부드럽고 유연한 인생을 살고 있을까? 수많은 사람들에게 감동을 주는 목소리로 노래하는 가수와 천상의 화음을 만들어내는 음악가들은 자신들의 노래와 연주처럼 아름다운 삶을 살고 있을까? 외국어를 열 개 정도 할 줄 아는 사람은 누가 들어도 기분 좋은 소리를 낼 수 있을까?

이런 질문에 그렇다고 대답할 사람은 한 명도 없을 것이다. 때로는 아름다운 시를 쓰는 시인이 친구와 의견 대립으로 고함을 지르며 다툴 수 있고, 가수는 노래를 부르기 전에 무대 뒤에서 연주자와 신경전을 벌일 수도 있기 때문이다.

누가 들어도 기분 좋은 소리, 어떤 곳에서 들어도 행복한 소리는 사랑하는 사람이 만들어내는 소리이다. 사랑이 담긴 소리는 언제나 아름답고 누구에게나 기쁨을 준다. 사랑이 없으면 어떤 말도, 어떤 소리도 시끄러울 뿐이다. 식당에서, 전철에서, 거리에서 크게 떠들어대는 소리가 얼마나 많은 사람을 괴롭게 하는가? 아무리 좋은 말이라도 너무 크면 잡음이 되고, 듣기 좋은 소리라도 지나치면 잔소리가 된다.

말을 잘하고 세련되게 하려고 노력하는 것보다 사람을 사랑하기 위해 노력하는 것이 우선이다. 사랑이 담긴 소리를 낼 줄 알아야 듣기 좋은 소리를 만들 수 있기 때문이다. 사랑을 노래하는 것보다 사랑스런 사람이 되는 것이 우선이고, 외국어를 잘하는 것보다 사랑이 담긴 말을 할 줄 아는 것이 우선이다.

부뚜막에 오줌 누고 장가가기

다음은 구전되는 전래동화이다.

추운 겨울, 노모와 함께 살며 부엌살림까지 도맡아 하던 노총각은 한밤중이 되면 멀리 떨어져 있는 뒷간에 가는 것이 몹시 귀찮았다. 잠을 자다가 소변이 마려워 깨면 벗었던 옷을 챙겨 입어야 하고, 찬바람을 맞으며 집을 반 바퀴 돌아가서 볼일을 보아야 했다. 볼일을 보고 돌아올 쯤에는 잠은 이미 달아난 상태이고, 따뜻하던 잠자리는 싸늘하게 식어 있어서 한참을 뒤척여야 다시 잠을 잘 수 있었다.

그는 좋은 방법을 생각하다가 간단한 볼일은 방 옆에 붙어 있는 부엌에서 처리하기로 했다. 어차피 부엌을 사용하는 것도 자신뿐이니 아무도 알 수 없을 것이었다. 봄이 되어 날이 풀리면 바닥의 흙을 퍼내고 새 흙을 덮으면 다시 말끔해질 것이라고 생각하니 마음 편히 볼일을 볼 수 있었다.

총각의 한밤중 볼일이 계속되자 부뚜막에 더부살이를 하던 고양이가 더 이상 그 꼴을 볼 수 없을 만큼 화가 났다. 다음 날 고양이는 산꼭대기로 달려가 하느님에게 자신의 처지를 하소연하였다. 장가도 못 간 버릇없는 노총각이 부엌에 볼일을 보는 통에 냄새가 나서 견딜 수 없으니 큰 벌을 좀 내려달라고 하였다.

하느님은 현장을 보기 위해 찬바람이 쌩쌩 부는 날 밤에 노총각의 집을 방문하였다. 하느님이 집 위에서 한참을 기다리고 있는데 문 열리는 소리가 나더니 눈을 비비며 노총각이 부엌으로 나왔다. 그러고는 고양이가 말한 대로 볼일을 보는 것이었다.

"저런 버릇없는 놈 같으니라고! 엄연히 뒷간이 있건만 부뚜막에서 볼일을 보다니!"

하느님이 그에게 큰 벌을 내리기로 결정하고 돌아가려는데 잠결에 중얼거리는 노총각의 말이 들려왔다.

"아이고 추워라! 나는 집 안에서도 이렇게 추운데 산 위에 사시는 하느님은 얼마나 추우실꼬?"

총각의 말을 듣는 순간 하느님은 자기도 모르게 너털웃음을 지었다.

"내 지금까지 수천 년 동안 세상을 지켜보며 많은 사람을 살펴보았지만 산 위에 사는 나를 걱정하는 사람은 처음이로다! 노총각이 노모를 모시고 혼자 살면서 내 걱정까지 하다니! 저렇게 착한 총각에게 벌을 줄 수는 없지. 부엌살림을 대신하고 한겨울에도 이불이 식지 않도록 해줄 착한 처녀를 한 명 구해줘야겠구나!"

부뚜막 고양이의 고자질로 천벌을 받을 위기에 놓였던 노총각은 착한 말 한 마디로 오히려 하느님의 중매를 받아 장가까지 가게 되었다.

나를 위한 말보다 남을 위한 말을 하라

자기를 위한 말은 아무리 꾸미고 가꾸고 포장해도 남에게 감동을 줄 수 없다. 그런데 많은 사람들이 자기중심적인 말을 하면서 다른 사람들의 공감을 얻으려 한다. 정말 남의 공감을 얻고자 한다면 타인 중심적인 말을 해야 한다.

노총각이 잠결에 신세를 한탄하다 하느님에게 욕이라도 했다면, 그는 자기 집 안에다 소변을 보는 버릇없는 놈에다 하느님까지 욕하는 나쁜 놈이라는 평가로 큰 벌을 받았을 것이다. 그러나 자기보다 더 추운 곳에 사는 하느님을 걱정하는 말 한 마디로 벌 받을 상황에서 상을 받게 된다.

이처럼 우리의 일상에서도 상과 벌은 말 한 마디로 뒤바뀔 수 있다. 나 중심으로 하는 말은 상대로 하여금 기분을 상하게 하고 냉철한 눈으로 나를 바라보게 한다. 그러나 상대 중심적인 말은 객관적인 판단 이전에 인정스런 시각을 갖게 한다. 같은 사건이라도 객관적인 태도와 동정적인 태도는 전혀 다른 결정을 내리게 된다.

많은 사람들이 하늘에 자신의 고통과 어려움을 하소연한다. 좋을 때는 맘대로 살다가 어려운 때는 하늘을 원망한다. 하늘이 무얼 잘못했기에 그럴까? 하늘은 한 번도 잘못한 일 없이 욕만 먹는다. 오히려 잘못한 건 사람이다. 사람은 자기가 실수하거나 잘못하고 나서 하늘을 원망한다.

이제부터는 잘못한 것 하나 없이 욕만 먹는 하늘 입장을 좀 생각해주면 안 될까? 하늘도 자신에게 좋은 말을 해주는 사람에게 더 좋은 감정을 갖지는 않을까?

사람들을 만나서 대화를 나누다보면 자기 어려움만 하소연하고 남의 이야기가 시작되면 돌아서는 사람들이 있다. 자기는 할 말 다하고 남의 이야기에는 조금도 관심을 기울이지 않는다. 그러고는 사람들이 자신의 이야기에 반응이 없다고, 세상이 참 냉정하다고 말한다. 실제로는 세상이 아니라 자기 자신이 냉정한 것임을 알지 못한다.

우리는 조금의 이익과 얼마의 돈을 위해 꽹과리처럼 떠들며 세상을 살고 있다. 모든 사람은 자신을 위한 말을 하며 산다. 점원은 물건을 파는 사람의 입장에서 이야기하고 손님은 사는 사람의 입장에서 항의한다. 노조

는 일하는 사람의 입장을, 회사는 경영하는 사람의 입장을 대변한다. 보수는 전통을 지키는 사람들의 자리에서 말하고 진보는 새로운 질서를 찾기 위한 말을 한다. 그 사이에 많은 오해와 갈등이 생겨나고 씻을 수 없는 아픔과 상처로 괴로워하는 사람들이 생겨난다. 이 모든 일들이 자기중심적인 말로 인해 생겨나는 아픔이다.

정말 문제를 해결하고 화해를 이루고 싶다면 나 중심적인 사고와 내 입장의 말과 행동을 타인 중심으로 바꾸어야 한다. 전적으로 타인 중심이 될 수는 없을지라도 절반 정도는 타인 중심, 즉 상대방 중심이 되어야 해결의 실마리와 타협점을 찾을 수 있다.

법원에서 검사는 피해자를 위해 이야기하고, 변호사는 자신에게 변호를 맡긴 사람을 위해 이야기하며, 판사는 그 사이에서 가장 객관적으로 이야기를 할 것이라고 우리는 생각한다. 그러나 사실 그들은 자기 자신들을 위해 이야기하고 있다. 검사는 자신이 맡은 사건을 잘 해결하기 위해, 변호사는 자신의 경력과 실력 향상을 위해, 판사는 자신의 빈틈없고 공정한 판단력을 돋보이기 위해 이야기한다.

객관적인 사람은 자신을 위한 이야기에 남을 위한 이야기를 더하는 사람이다. 객관적인 사람보다 더 나은 이야기를 할 수 있는 사람은 남을 위한 말을 할 수 있는 사람이다. 이런 사람이 진정한 성자이고 거룩한 사람이다.

하느님의 말씀인 성경은 하느님을 위한 말이 아니라 사람을 위한 말이다. 하느님의 말이지만 그 기록 목적은 사람을 위한 것이기 때문이다. 그런데 사람은 그 거룩한 말씀조차 자기를 위한 말로 바꾸어버린다. 하느님의 말씀인 성경이 사람을 통해 전달되면 사람의 말이 된다. 사람은 진리도 거짓으로 만들고 사랑도 미움으로 바꾸는 능력을 가지고 있다.

무엇이 진실한 소리인가?

사랑이 담긴 소리만이 진실한 소리이다. 남을 위한 이야기가 진실한 이야기다.

사랑이 없는 소리, 자기 자신을 위한 말, 객관적이라고 하는 말, 허황된 이야기들은 사실 다 거짓이다. 100개 외국어를 할 수 있어도 사랑이 담긴 소리를 낼 수 없다면 그 유창하고 화려한 소리는 모두 헛소리에 불과할 뿐이다.

사랑이 아니면

속상한 마음으로는 어떤 말도 꺼내지 마라.
속상할 때 나오는 말은 모든 것을 상하게 한다.
기분 나쁠 때도 말하지 마라.
기분 나쁠 때 하는 말은 그 대상이 누구든,
듣는 사람과 말하는 사람을 기분 나쁘게 할 것이다.
화났을 때도 말하지 마라.
화난 사람이 하는 말은 화를 부추기게 될 것이다.

사랑이 없으면 아무 말도 하지 마라
사랑이 담기지 않은 말은
들판에서 울부짖는 늑대의 소리요,
단잠을 깨우는 시끄러운 새소리이고,
착한 짐승을 도망치게 하는 사자의 울음소리이다.
사랑으로 하지 않는 말은
천둥소리처럼 사람을 놀라게 하고,
뒤에서 울려대는 경적처럼 귀에 거슬린다.
논리적이고 해박하고 명랑한 소리라도
사랑이 없는 소리는 아무짝에도 쓸모 없는 잡소리에 불과하다.
잡소리는 집어치우고, 들을 만한 말을 하라.

사랑이 없으면 아무 말도 하지 마라.

사랑이 아닌 말은 아무리 많이 해도 기분이 좋아지지 않는다.

말할수록 마음은 아플 것이고,

길어질수록 괴로움만 더할 것이고,

관계는 깨지게 될 것이다.

사랑이 없는 사람의 소리는 개 짖는 소리보다 더 듣기 싫은 소리다.

재미없고, 지겹고, 따분하고, 아프고, 괴로운 소리다.

사랑이 아니면 아무 말도 하지 마라.

사랑이 아니면 아무 것도 하지 마라.

사랑이 아니면 아무도 만나지 마라.

2chapter ♥ 감사와 희망으로 채움

그 많은 실력으로 어떤 일을 하시려고?

그 많은 지식으로 무얼 하시려고?

그 많은 돈을 어디에 쓰시려고?

그 좋은 차를 타고 어디를 가시려고?

나 하나의 삶을 채우기 위해 이 많은 것들이 필요한가요?

사랑이 함께하지 않는 모든 것은 별것 아닌 것이 되고,

사랑으로 하지 않은 일은 쓸데없는 일이 됩니다.

사랑이 없는 능력은 무능함만 못하고,

사랑이 없는 지식은 무지함만 못하고,

사랑이 담기지 않은 돈은 상처의 원인이 되고,

사랑을 태우지 않은 자동차는 사람을 해치는 괴물이 됩니다.

사랑이 채워지면 그 다음에는 무엇이든 넉넉해집니다.

단 한 번의 실패를
이기지 못한 천재

우수한 성적으로 일본 최고의 공대를 졸업한 학생이 더 공부하라는 학교와 주위 사람들의 권유를 뿌리치고 마쓰시다 전기회사에 입사하기 위해 서류를 접수하였다. 항상 최고의 성적을 기록했던 학생이었기에 그의 결정에는 남들이 알지 못하는 큰 뜻이 숨겨져 있을 것으로 여겨졌다.

합격자를 발표하는 날 그는 합격자 명단에서 자신의 이름이 빠져 있음을 발견하였다. 단 한 번도 1등을 놓친 적이 없던 그는 당연히 자신이 수석 합격자가 될 것으로 생각하였는데, 수석은커녕 합격자 명단에서조차 자신의 이름을 볼 수 없었다.

당당한 모습으로 발표를 기대했던 그는 합격되어 환호하는 사람들을 뒤로 하고 창백한 얼굴로 발걸음을 돌렸다.

그날 저녁 그는 탈락의 쓴 맛을 이기지 못한 채 잠을 설치다가 다량의 수면제를 복용하고 다시는 깨어날 수 없는 영원함 잠에 빠지고 말았다. 아침이 되어서도 깨어나지 않는 그를 발견하고 슬픔에 빠져 있던 가족에게 뒤늦은 합격 통지서가 도착하였다. 그는 수석 합격자였는데 전산 실무자의 실수로 합격자 명단에서 누락되었던 것이다.

이 사건은 일본 사회에서 큰 화제가 되었다. 회사의 실수가 천재를 죽였다는 보도가 쏟아졌다. 사건이 어느 정도 잊힐 무렵 한 기자가 그 회사의 총수인 마쓰시다 고노스케를 찾아가 사건에 대한 의견을 물었다.

총수는 회사가 사회적 물의를 일으킨 것을 사과하는 말과 함께 장래가 촉망되던 청년의 죽음이 안타까운 것은 사실이나 회사를 위해서는 다행스런 일이라고 말하였다. 그 이유는 단 한 번의 실패를 이겨내지 못할 정도로 유약한 사람이 회사의 중역이 된다면 회사가 어려움을 만났을 때 모든 것을 포기함으로써 전 사원의 삶이 달린 회사의 경영을 비극적으로 처리했을 수 있다,라는 것이었다. 그로 인해 수많은 사람이 어려움에 빠지게 될 수도 있으므로, 그가 입사하지 않은 것은 한편으로는 다행스러운 일이라고 하였다. 개인의 삶은 자신이 선택하는 것이지만 회사의 경영은 많은 사람의 운명을 좌우하는 것이기에 실패를 이겨낼 능력이 없는 사람은 회사의 중역이 되어서는 안 된다는 것이었다.

능력의
한계

조절되지 않는 능력은 어린아이의 손에 들린 칼처럼 자신을 찌르고 해를 입히는 무기가 된다. 현대의 많은 젊은이들이 기성세대보다 능력은 있으나 기존 세대가 가진 삶에 대한 용기와 투지는 없다. 똑똑하기는 하지만 갈등과 어려움을 극복하는 내적인 저력은 부족하다.

세상에는 돈으로, 실력으로, 똑똑함으로 풀 수 없는 일들이 아주 많다. 어려움을 감수하는 일, 사람의 마음을 사는 일, 존경받는 사람이 되는 일

등은 능력으로 되는 것이 아니다. 그것은 많은 부자와 지식인들이 욕먹고 있는 현대사회의 상황을 보면 누구라도 알 수 있다.

많은 사람들이 돈으로 모든 일이 다 될 것처럼 이야기하지만 실제 인생살이에서 돈으로 되는 일은 그리 많지 않다. 그렇다면 돈 많은 사람들에게는 어떠한 문제도 있어서는 안 되고, 그들 사이에서는 싸우거나 다투는 일, 갈등이나 배신은 없어야 한다. 그러나 현실이 어디 그러한가! 언론에 보도되는 많은 문제들이 돈 많은 사람들 사이에서 생기는 일이라는 것은 누구도 부인할 수 없는 현실이다.

아무리 큰 능력을 가졌을지라도 뜬금없이 일어나는 불행을 막을 수 없고, 인생의 항해 중에 당하는 고난을 피해갈 수 없다. 소설이나 영화에 등장하는 무한한 능력이란 없다. 어떠한 능력이든 한계가 있다. 또한 모든 종류의 능력은 부작용도 있다.

다이너마이트는 광산을 개발하기 위해서 없어서는 안 될 폭발물이지만 잘못 다루면 사고를 일으키고, 전쟁터에서는 살상무기로 쓰인다. 대단한 파괴력으로 바위를 산산조각내는 힘을 가지고 있지만 그 힘을 조절할 지성을 갖지 못하면 그 대단한 파괴 능력은 말할 수 없는 비극을 불러오고 만다.

그러므로 능력만 키울 것이 아니라 능력을 조절할 인격과 믿음, 가치관을 길러야 한다. 많은 능력을 가진 사람은 반드시 큰 인격을 가지고 있어야 하고, 대단한 실력을 가진 사람은 대단한 가치관을 가지고 있어야 한다. 그렇지 못하면 그의 능력과 실력은 한 번의 실수와 실패로 자신과 타인에게 상처를 입히고, 아픔과 고통을 주는 위험한 요소가 될 뿐이다.

장한나는 성공한 음악가이지만 하버드 철학과를 특채가 아닌 자신의 공부 실력으로 들어갔다. 그는 음악에 대한 이야기를 하는 중에 음악가는 음악만 알아서는 안 된다는 말을 하였다. 음악만 아는 음악가는 사람의 마음을 울리는 음악을 할 수 없다는 것이다.

음악도 잘 쓰이면 유익한 것이 되지만 잘못 쓰이면 타락과 부패의 원인이 되고, 가치관을 혼동시키는 마약과 같을 수 있다는 것이 전문가들의 의견이다. 그러므로 아름다운 음악도 그 방향과 쓰임새를 조절할 능력이 없다면 악한 것이 된다.

대통령으로서의 인품과 책임의식이 없는 사람이 실력과 전략으로 대통령이 되면 나라가 어려워지고 국민들이 고통을 당하게 된다. 정의와 진실을 소중히 여기는 정신을 갖지 못한 사람이 판사가 되면 죄 없는 사람들이 죄인이 되고 억울한 판결로 사회가 혼란에 빠지게 된다.

능력은 그 능력을 바르게 사용할 인간적인 기본 정신과 함께할 때만 진정한 능력이 될 수 있다. 바른 생각 없이 뛰어난 능력을 갖는 것은 언제 터질지 모르는 폭탄을 안고 있는 것과 같다. 경건한 마음 없이 신앙적인 지식으로만 무장된 사람은 세상에서 가장 잔인한 종교 탄압과 전쟁을 일으키게 될 것이다.

목사의 마음을 갖지 못한 사람이 학식과 실력으로 목사가 되고, 장로의 아량을 갖지 못한 사람이 장로가 되면 교회는 장사하는 곳이 될 것이고, 잘난 사람들끼리 어울리는 사교집단으로 전락하게 된다. 능력으로 일은 잘할 수 있을지 몰라도 사람을 사랑할 수는 없다. 힘으로 물건을 들어올릴 수는 있어도 아픔과 상처와 갈등을 해결할 수는 없다. 능력은 아주 많은 한계를 가지고 있다.

예언과 비밀과 지식

남들이 모르는 것을 아는 사람의 태도를 보라. 얼마나 당당하고 거만한가? 아무도 모르는 소식을 가장 먼저 접한 사람은 마치 세상을 뒤엎을 진리라도 가진 양 호들갑을 떤다. 그러나 정작 내용이 알려지고 나면 세상을 바꾸기는커녕 세상을 더 소란스럽게만 하는 것이 대부분이다.

때로 사람들은 나에게 다가와 대단한 뉴스인 것처럼 이야기한다.

"그거 알아요?

'뭘?'

"아직 알려지지 않은 이야기라 기자들도 몰라요!"

"무슨 일인데 그래?"

"강호동이 장가간대요!"

"그런데?"

"그렇다고요!"

엄청난 비밀을 알려줄 것처럼 다가온 사람은 만나본 적도 없는 총각 한 사람이 장가를 간다는 이야기를 남기고 떠났다. 혼자 살던 총각이 처녀를 만나 장가간다니 좋은 소식임은 맞지만, 강호동이 장가간다고 세상이 달라질 것처럼 난리를 치는 것은 지나친 과민반응인 것만은 분명하다.

비단 연예인에 대한 이야기뿐만 아니다. 많은 사람들은 자신이 아는 새로운 이야기나 지식 하나가 마치 세상을 뒤엎을 비밀이라도 되는 양 호들갑을 떤다. 의학적 지식을 하나 더 아는 것, 새로운 기술 하나를 터득한 것, 새로운 고속도로가 지나고 인터체인지가 생겨나는 동네를 아는 것에 의해 사람들의 눈빛과 자세가 얼마나 꼴사나운지 말로 표현할 수 없을 정도이다.

요즘은 병원도 서비스 개선 사업을 통해 환자에게 친절을 베풀지만 얼마 전까지만 해도 일부 지역에서 환자는 의사에게 돈을 지불하면서도 죄인 취급을 당해야 했다. 의료지식을 조금 더 알고 있다는 것으로 의료계 종사자들은 마치 자신이 사람을 죽이고 살리거나 하는 것처럼 권위적인 태도를 가졌었다.

그 이유는 많은 사람들이 지식의 특성에 빠지기 때문이다. 지식은 사람을 교만하게 하는 특징을 가지고 있다. 하나의 지식을 알게 되면 한 번 교만할 위기를 당하는 것이다. 진정한 지식을 소유하기 위해서는 지식과 함께 사랑을 채워야 한다. 지식 하나에 사랑 하나가 더해지지 않으면 그 지식은 사람을 교만하게 한다. 사람은 알면 알수록 교만해진다. 그래서 학자들의 고집은 하느님도 꺾을 수 없다는 말이 생겨난 것이다.

미래를 점친다는 사람들 역시 그 태도가 얼마나 건방지고 무례한가.

처음 보는 사람에게 반말은 예사고, 첫 대면에서 호통 치고 나무라고 엄포를 놓는다. 그가 정말 사람의 미래를 알고 있다고 해도 아는 것과 예의는 분명 다른 것이다. 그런데 안다는 것만으로 사람이 그렇게 예의범절을 무시해도 되는 것인가?

사람을 사랑할 줄 모르면 미래를 예언하는 것과 비밀을 아는 것, 지식을 소유하는 것은 별로 유익하지 않다. 세상에서 일어나는 싸움의 대부분은 지식싸움이다. 더 많이 알고, 더 잘 알고, 더 분명히 알고 있다는 생각으로 사람을 상대로 분노를 토해내고, 칼을 휘두르고, 총을 들이댄다.

예언과 지식과 비밀을 안다는 것이 자신과 이웃에게 어떤 결과를 만들

어내는가? 그러한 것들의 결실이 사랑이 아니라면 아무짝에도 쓸모없는 것들이다. 인간관계를 깨뜨리고, 오해와 갈등과 시비를 일으키는 지식에 빠진 사람이 있다면, 그는 지금 사람을 살리고 구하기에 적당하지 않은 것들에 매달려서 시간을 허비하고 인생을 소진하고 있는 중이다.

다시는 숫자를 세지 않으리

이어령 교수의 어린 시절 이야기다. 그의 어머니가 별사탕을 한 봉지 사들고 들어온 날 형제는 알록달록한 별사탕을 한 움큼씩 받았다. 두 형제는 사탕을 들고 나와 맛있게 먹기 전에 서로에게 주어진 사탕의 수를 세어보았다. 그랬더니 형의 것이 더 많았다.

동생이 엄마에게 가서 형이 사탕을 더 가졌다고 하자 엄마는 형에게 사탕을 동생에게 나누어주라고 하였다. 그러나 형은 동생에게 사탕을 주지 않고 버텼다.

결국 사탕으로 인한 싸움이 시작되었고 힘이 센 형이 동생을 주먹으로 때리게 되었다. 형에게 얻어맞은 동생이 울면서 엄마에게 가자 엄마는 동생의 머리를 쓰다듬으며 별사탕을 더 주었다. 그후로 엄마는 사탕을 줄 때마다 정확하게 개수를 세어서 나누어주었다.

그러나 그것으로 싸움이 끝난 것은 아니었다. 형과 동생은 별사탕 중에서 빨간 색이 몇 개인지를 세기 시작했고 다시 싸움이 시작되었다. 형제가 멱살을 잡고 싸우는 모습에 화가 난 엄마는 빗자루를 들고 나와 형과 동생에게 매질을 하였다. 좀처럼 엄마의 화가 가라앉지 않자 형제는 엄마의 매질을 피해 논두렁으로 도망쳤다.

그런데 해가 지자 찾아갈 곳은 결국 집밖에 없었다. 엄마가 회초리를 들고 기다리고 있을 집으로 갈 수 없는 형제는 개구리 소리를 들으며 엄마보다 더 무서운 논두렁의 밤을 맞이해야 했다. 맞잡은 손에는 땀이 흥건했지만 형제는 무서움으로 인해 손을 놓을 수 없었다. 그날 밤 형제는 서로에게 얼마나 필요하고 위로가 되는 존재인지를 가슴 깊이 깨달았다.

"형, 무서워?"

"응! 무서워!"

"그래도 형이 있어서 다행이야!"

"나도 네가 있어서 참 다행이다!"

그날 밤 어린 이어령은 다시는 숫자를 세지 않을 것이라고 다짐하였다. 아무도 없는 무서운 논두렁의 밤 앞에서 집으로 돌아가지도 못하고 날이 새도록 끊임없이 울어대는 개구리와 함께 형제가 밤을 지새워야 했던 이유는 별사탕의 개수를 세었기 때문이다.

이어령 교수는 자신의 어린 시절 이야기 끝에 지금 현대사회는 별사탕을 세는 것 같은 숫자 헤아리기가 세상을 지배하고 있다고 덧붙였다.

숫자에
속지 마라

숫자는 지식의 시작이고 학문의 기초이다. 세상 모든 것의 기준은 숫자로 이루어져 있다. 숫자가 없는 세상은 상상할 수 없을 것이다. 그러나 그 숫자는 많은 사람을 슬프게 하고, 싸우게도 하며, 미워하고 경쟁하게 한다. 숫자를 센다는 것은 무서운 밤의 전조현상이다. 그러나 숫자를 세지 않고는 살아갈 수 없는 것 또한 안타까운 현실이다.

때로 사람은 통계 속의 한 자리 숫자로 표시되지만 숫자로 사람을 평가해서는 안 된다. 사람은 숫자로 표현할 수 없는 영적인 존재이고, 객관적으로 평가할 수 없는 주관적 요소를 지닌 생명체이다. 모든 사람은 자기 자신에게 스스로의 기준이다. 사람에게 기준과 평균이란 없다. 사람은 각자 자신이 우주의 중심이고 평균이며 기준이다. 천하보다 큰 것이 사람의 생명이기에 세상에서 사람을 평가할 기준이란 없다.

숫자는 틀릴 수도 있다. 그러나 가치관이 틀려서는 안 된다. 그런데 사람들은 숫자를 틀리지 않기 위해서는 죽을 만큼 노력하지만 틀린 생각을 바꾸기 위해서는 아무런 노력을 하지 않는다. 점수를 높이기 위해 양심을 버리고, 자신의 수고와 노력을 포장하기 위해 거짓 숫자를 기록한다.

숫자에는 진실도 담겨 있지만 거짓도 담겨 있다. 숫자는 사람을 유혹하는 강력한 마력을 가지고 있다. 숫자를 보기 전에 숫자 뒤에 숨겨진 사람과 사연을 읽을 수 있는 시각을 가져야 한다.

숫자의 유혹에 넘어가면 사람은 심적 가치를 상실하게 되고, 인간 본연의 모습을 잃어버리게 된다. 숫자에 정신을 빼앗긴 사람의 눈은 차갑고 냉정하다. 숫자가 사람을 살리고 인생을 구원하지는 않는다. 숫자에 속지 마라. 숫자에는 인격도 없고 사랑도 없다. 하나가 열보다 클 수 있고 천이 백보다 작을 수 있다. 산술적인 숫자가 아닌 인문적인 숫자와 심적인 가치에서 크고 작은 것은 아무 의미가 없다. 숫자는 그저 숫자일 뿐이다.

정답이 아닌 말을 해도 무시하지 말고, 어처구니없는 말을 하고 황당한 말을 해도 고개를 끄덕이기만 하라. 상대가 하는 틀린 말과 숫자에는 내가 알지 못하는 숨겨진 의미가 있을 수 있고, 내가 알지 못하는 사연과 정답이 들어 있을 수 있다. 어떤 것도 장담하지 말고, 죽어도 틀림없다고 주장하지 마라. 사람의 지식과 판단력, 존재는 그렇게 완전하지 않다.

깨닫는 순간
원망이 감사로 바뀐다

밤새 내린 눈으로 길이 꽁꽁 얼어붙고 차가운 바람이 심하게 부는 아침, 박대리는 차를 두고 버스로 출근하기 위해 정류장으로 나갔다. 기다리던 버스가 오는 것이 보여 내려놓았던 가방을 들고 올라탈 준비를 하는데 그 버스가 한참 아래에서 두어 사람을 태우더니 자신이 서 있는 곳을 그냥 지나쳐버렸다.

'운행시간에 쫓겨서 그런가?' 라는 너그러운 마음으로 다음 차를 기다렸다. 그런데 다음 차는 좀처럼 오지 않았다. 찬바람에 손발이 시려오고 몸에 한기가 느껴지기 시작하자 그냥 지나간 버스가 원망스러웠다.

"운전을 어떻게 하는 거야?"

"승객을 안 태우고 지나친 못된 기사는 신고해야 하는 거 아닐까?"

"다음 차가 오면 기사한테 따져야겠다!"

연신 혼잣말을 해대며 겨우 화를 참고 기다리는데 다음 차가 왔다. 그런데 그 차 역시 아까 그 자리에 서더니 사람을 태우고는 박대리가 서 있는 정류장을 그냥 지나치는 것이었다. 30분을 추위에 떨게 되자 그는 이제 버스 기사뿐 아니라 버스회사 사장과 버스 운송 조합, 서울시장에게까지 화가 치밀어올랐다.

"시내버스를 개편한다더니 승객을 위한 것이 아니라 행정 편리를 위한 것이 확실하군!"

그는 다음 버스가 오면 달려가서라도 꼭 올라타 버스기사에게 승객에 대한 횡포를 따져 물어야겠다고 생각하였다. 다시 10여 분이 지나서 버스가 다가오는데 역시 한참 뒤쪽에서 속도를 줄이는 것이었다. 그는 얼른 가방을 들고 버스를 향해 달려갔다.

달려가는 중에 그의 눈에 안내판에 적힌 숫자들이 보였다. 그가 타려는 버스와 버스가 멈춘 곳의 표지판 숫자가 똑같았다. 달리는 속도를 줄이고 고개를 돌려 조금 전에 자신이 서 있던 곳의 표지판을 돌아보았다. 그가 서 있던 곳의 표지판에는 엉뚱한 숫자가 기록되어 있었다.

자가용을 장만한 이후 한동안 버스를 타지 않는데 그동안 버스 노선과 운행체계가 바뀌어 예전에 자신이 버스를 타던 곳은 다른 곳으로 가는 버스의 정류장이 되어 있었던 것이다.

정류장에서 기다리던 사람들을 다 태운 버스가 출발하려다가 달려오는 박대리를 발견하고는 급하게 멈춰섰다. 30분이 넘도록 추위에 떨며 버스기사와 세상을 원망하던 그의 태도는 일순간에 바뀌었다. 버스에 올라타며 박대리가 버스기사를 향해 꽁꽁 언 입으로 말을 건넸다.

"감사합니다!"

알면 알수록 모르는 것이 많아진다

내가 힘든 것이 남의 잘못이라고 생각하면 가슴속에서 분노가 치밀고, 모든 사람과 온 세상을 향해 화가 솟는다. 그러나 자신의 힘든 것과 불행이 남 때문이 아니라 바로 자기 자신 때문인 것을 발견하면 그 즉시 원망이 감사와 다행으로, 미안함으로 바뀌게 된다.

울다가 웃는 아이를 보며 어른들은 이야기한다.

"어쩌면 저렇게 한순간에 감정이 뒤바뀔 수 있을까?"

어린아이만 그럴 수 있는 것이 아니다. 누구라도 그럴 수 있다. 깨닫는 순간, 오해가 풀리는 순간, 갈등이 사라지는 순간, 사람의 마음은 정반대로 바뀌게 된다. 체면 때문에 표현하지 않을 뿐이다.

자기 입장에서 판단하는 모든 지식은 착각이다. 멈추지 않고 지나가는 버스를 쳐다보며 운전기사를 욕하지만, 사실 그는 아무 잘못이 없다. 자신이 서 있는 자리가 잘못된 것이다. 원래는 욕하는 사람이 욕먹어야 할 사람이고, 욕먹는 사람이 욕해야 할 사람이다.

우리는 사람들을 향해 가끔 혹은 자주 소리친다.

"너 때문에 내가 얼마나 힘든지 알아?"

그러나 실상은 '너' 때문에 '나'가 힘들어하는 만큼 '나' 때문에 '너'도 힘들어하고 있다. 세상이 나를 힘들게 한다고 말하는 사람들의 공통점은 자신이 세상을 얼마나 힘들게 하는지는 모른다는 것이다.

겨우 하나 아는 것으로 큰소리치지 마라. 하나를 배워서 안다는 것은 하나는 알아도 아직 둘과 셋을 모른다는 뜻이다. 세상에는 사람이 다 셀 수 없는 무한한 수가 있고, 다 알 수 없는 진실과 의미가 있음을 알게 되면 겸손해지지 않을 수 없다.

알면 알수록 더욱 분명해지는 것은 아는 것보다 모르는 것이 더 많다는 사실이다. 그러므로 많이 아는 사람은 겸손할 수밖에 없고 잘 모른다는 말을 할 수밖에 없다. 겸손하지 못한 것은 아직 뭐가 뭔지를 잘 모른다는 것을 증명할 뿐이다.

라디오를 만든 이탈리아의 전기 기술자 마르코니가 가장 신기하게 생각한 것은 '라디오가 어떻게 소리를 내는가?' 하는 것이었다. 자신이 소리를 전달하는 라디오를 만들어내기는 했지만 그것이 어떻게 소리를 내는지 알 수 없다고 한 것이다.

세상의 모든 지식은 완벽하지 않다. 지식 자체로는 어떤 것도 완전할 수 없다. 지식에 사랑이 더해질 때 비로소 완전한 지식이 될 수 있다. 지식의 완성, 능력의 완성은 판단력이나 총명함, 실력으로 되는 것이 아니다. 완전함은 사랑으로 되는 것이다. 사랑이 포함되지 않은 것은 어떠한 것도 완성된 것이 아니다. 아직 만들어지고 있는 과정일 뿐이다.

진수성찬으로
실패한 양반

한 정승이 잠시 고향으로 온다는 소문이 돌더니 얼마 안 되어 정승이 고향으로 돌아왔다. 평생 얼굴 한 번 보기 어렵다는 정승이 시골 마을로 돌아와서 한가로이 지낸다는 말에 고을 양반들의 발걸음이 분주해졌다.

이번 기회에 잘 보이면 작은 벼슬이라도 할 수 있겠다는 생각에 너도 나도 자기 집으로 모셔다가 후하게 대접하기 시작하였다. 정승은 오랜만에 고향 사람들과 즐거운 시간도 보내고, 지방 소식도 들을 겸해서 부르는 대로 사양하지 않고 양반들의 초청을 받아들였다.

여러 집의 초대를 받아 다니던 중 한 집에 이르니 보통 사람들은 평생 한 번 먹어보기 어렵다는 커다란 숭어요리를 상 가운데 마련해놓고 있었다. 상차림을 살펴보니 이제까지 고향에 와서 가본 어느 집보다도 정성스럽게 마련한 것이 역력했고, 한양에서나 차릴 수 있는 화려한 모양새로

꾸며져 있었다. 그중에서도 갖은 양념으로 장식해놓은 숭어는 한 폭의 그림과도 같았다.

먼저 수저를 들라고 인사를 건넨 후 첫 숟갈을 들기가 무섭게 집주인의 젓가락이 숭어를 향해 날아들었다. 주인의 손은 정승이 숭어를 건드려볼 틈을 주지 않았다. 주위에 앉은 사람들은 정승을 위해 마련된 특별한 음식이라는 생각으로 근처에도 가지 않는 숭어 접시 위로 집주인의 손이 쉴 새 없이 왕래하였다.

고향으로 돌아와서 가장 후한 대접을 받는다는 생각에 흐뭇해하던 정승은 숭어 접시 위로 날아드는 주인의 손을 피해 숭어를 집어보려다가 몇 번 손이 부딪친 후로 숭어 먹기를 포기하고 말았다. 집주인의 손이 가지 않는 접시 위의 음식들을 집으며 정승은 생각에 빠져들었다.

'손님 대접은 뒷전이고 맛있는 음식으로 자기 배만 채우는 사람이 고을 원이 되면 백성들의 맛있는 것들은 다 빼앗아 먹겠구나! 백성들이 맛있게 먹는 것을 바라보지는 못하고 제 입만 챙길 것이 분명하니 이런 자에게 작은 벼슬이라도 내리면 여러 사람이 어려움을 당하겠어!'

자신을 위한 화려한 상차림에 잠시 감동했던 정승은 집주인에게 아무런 약조 없이 집으로 돌아와버렸다. 집주인은 자신이 차린 진수성찬의 유혹을 이기지 못해 벼슬길에 오를 아주 좋은 기회를 놓치고 말았다.

능력으로
무얼 할 건데?

유능한 인재가 되기 위해 많은 사람들이 뼈를 깎는 노력을 기울인다. 쉴 틈도 없이 일하고, 연구하고, 공부하고, 땀을 흘린다. 그렇게 해서 장학생도 되고, 모범사원 표창도 받고, 기술상과 특허권도 얻는다. 거기까지는 아주 좋다. 큰 인물이 되었으니 잘한 것만은 분명하다.

그러나 그렇게 얻은 능력으로 무엇을 할 것인지는 대부분 생각하지 못하는 것 같다. 뛰어난 실력자가 되기는 했는데 그 실력을 어디에 써야 하는지를 아는 사람은 아주 적다. 그의 능력은 많은 사람에게 부러움을 사고, 열등감을 안겨주고, 상대적 박탈감과 실패와 패배의 설움을 맛보게 한다. 그의 능력은 자기 자신 한 사람에게만 좋은 것이고 나머지 사람들에게는 별로 좋은 것이 되지 못하기도 하는 것이다.

좋은 물건을 볼 줄 아는 눈을 가진 사람은 그렇지 못한 사람들이 가지고 있는 좋은 것들을 자신의 것으로 만들고, 좋은 자리가 어디인지를 아는 사람은 그 능력으로 먼저 좋은 자리를 차지함으로써 다른 사람이 앉을 뻔한 좋은 자리의 기회를 빼앗는다.

맛있는 게 뭔지 아는 사람은 아무 말 하지 않고 조용히 자기 혼자 맛있는 걸 다 골라먹을 것이고, 골동품의 가치를 아는 사람은 남의 손에 있는 좋은 물건을 헐값에 사들여 판 사람의 마음을 병에 시달리게 할 것이다.

뛰어난 능력을 갖는 것보다 중요한 것이 그 능력을 어떻게 사용하는가이다. 남들보다 월등한 능력을 가진 사람들이 지금 무엇을 하고 있는지를 살펴보라. 그들의 능력으로 그 주위에 있는 사람들을 행복하게 하고 있는가? 아니면 자기 혼자 행복한가? 대부분의 사람들은 자신의 지식과 능력을 모두 자기를 위해, 이기적인 목적을 위해 쓸 뿐이다.

유능한 사람이 되고도 이기적인 것보다는 차라리 평범하지만 이타적인 것이 낫다. 사랑이 없는 능력은 하나를 알면 열 배로 잘난 척할 것이고, 하나를 가지면 열을 갖고 싶어 할 것이다.

능력은 갖는 것보다 쓰는 것이 중요하다. 쓸 곳이 정해지지 않은 능력은 자랑거리에 그치거나 사치품으로 전락하고 말 것이다. 가르치고 베풀 생각이 없으면 공부할 필요도 없다. 나누고 보살필 사람이 없으면 돈 벌어도 좋을 것 하나 없다. 자신의 능력으로 무엇을 할 것인지 잘 생각해보라. 사랑이 없는 능력, 베풀지 못하는 능력은 아무 것도 아니다.

바보
식당

어느 학교에 새로 부임한 선생님이 아침을 먹기 위해 학교 앞 허름한 국밥집에 들어섰다. 등교시간까지는 아직 여유가 있었는데 먼저 와서 국밥을 먹고 있던 학생들은 선생님을 보자 일어서서 인사를 건넸다. 한쪽

구석으로 가서 국밥을 시키자 금세 따끈한 국밥이 주인 할아버지의 손에 들려 나왔다.

김이 모락모락 오르는 국밥을 휘휘 저어 몇 숟가락 먹고 있는데 다 먹은 학생 서너 명이 일어나서 각자 돈을 꺼내 밥값을 계산하였다. 학생들은 한결같이 모두 오천 원짜리를 할아버지에게 내밀었다.

백발의 할아버지는 모두에게 2천원을 거슬러주었다. 그런데 그중 한 명에게 주는 천 원짜리에 만 원짜리가 섞여 있는 것이 선생님의 눈에 들어왔다. 학생들은 할아버지가 주는 돈을 받고는 아무렇지도 않게 밖으로 나갔다. 분명 만 원짜리를 받았으면 다시 돌려드려야 하는데 학생들 중 누구도 그 사실을 이야기하지 않고 그냥 나간 것이었다.

'할아버지가 눈이 어두워서 천 원짜리와 만 원짜리를 구분하지 못한 것은 이해가 되어도 눈 좋은 학생들이 구분 못할 리는 없는데? 그렇다면 학생들이 오천 원짜리를 낸 것이 모두 의도적인 걸까?'

유리창 밖으로 학생들 중 한 명이 만 원짜리를 흔들며 친구들에게 자랑하고 있는 몸짓이 선생님의 눈에 들어왔다.

"저런 못돼먹은 것들!"

속이 상한 선생님은 할아버지에게 사실을 말씀드릴까 하다가 오히려 하루 종일 기분만 나빠지실 것이고 학생들을 미워하는 마음으로 괴로워하실 것이 걱정되어서 국밥을 먹는 둥 마는 둥하고는 학교로 출근했다.

교실에 들어서서 아침에 자신이 본 사실을 학생들에게 이야기하자 학생들은 그런 일이 한두 번이 아니라고 말했다. 할아버지가 눈이 어두워서 자주 실수를 하시기 때문에 대부분의 학생들이 용돈이 필요할 때면 혹시

나 하는 마음으로 오천 원짜리를 마련해서 할아버지의 국밥집을 찾아간다는 것이었다. 그래서 꽤 많은 학생들이 천 원 대신 만 원을 거슬러 받았다고 했다. 일부 학생들이 선생님들에게 그런 사실을 이야기했지만 선생님들은 개인적인 문제를 학교가 나서서 해결할 수는 없다고만 하셨다는 것이다.

학생들의 말에 선생님은 기가 막혀서 말이 나오질 않았다. 할아버지의 어두운 셈을 전교생이 이용해먹고 있다니! 게다가 그런 사실을 알고도 학교에서는 아무도 나서서 해결하려 하지 않다니! 어떻게 이런 일이 있을 수 있는가? 이런 학교에서 이렇게 못된 것들을 가르쳐야 하나? 하지만 선생님 역시 달리 해결할 방법이 없었다. 할아버지를 대신해 장사를 할 수도 없고, 계산하는 직원을 쓸 형편도 안 되는 것 같고, 경찰에 신고할 수도 없고……

매일 찜찜한 마음으로 국밥집 앞을 지나다니던 어느 날 국밥집 앞에 임종을 알리는 조등이 걸려 있는 것을 보았다. 할아버지가 돌아가셨다고 했다. 국밥집에는 출근하던 선생님들과 등교하던 학생들이 상주들에게 인사를 하고 있었다. 선생님은 퇴근 후에 들르기로 하고 학교로 향했다.

그날 학교의 분위기는 다른 날과 달랐다. 마치 학교 선생님 중 한 분이 돌아가신 것처럼 학생과 교사들은 우울한 표정이었다. 아침 조회 시간, 역시 슬픈 표정의 교장이 훈화를 시작했다.

"오늘 새벽에 국밥집 할아버지께서 돌아가셨습니다. 그분은 이십 년 전에 우리 학교의 교장이셨습니다. 정년퇴직 후 학생들을 도울 방법을 생각하다가 학교 앞에 국밥집을 열어서 가난한 학생들에게는 무료로 국밥을 주셨고, 생활비가 부족한 학생들을 위해서 일부러 거스름돈을 틀리게 내주는 식으로 용돈을 주셨습니다. 할아버지는 절대 눈이 어두운 분이 아니었습니다. 할아버지는 해마다 장사해서 번 돈을 우리 학교에 장학금으로 전달해주셨습니다. 여러분 중에서 할아버지가 틀리게 거슬러주신 용돈을 받아보지 않은 학생들은 거의 없을 것입니다. 오늘 학교가 끝나면 마지막 길을 가시는 국밥집 할아버지께 꼭 인사를 드리기 바랍니다."

학생들 사이에서 우는 소리가 들리기 시작했고, 우는 사람이 조금씩 늘어나더니 이내 많은 아이들이 어깨를 들썩이며 흐느꼈다. 만 원짜리 거스름돈을 받은 학생들이었다.

교장과 우는 학생들을 보며 선생님은 그동안 답답하고 화가 났던 마음이 시원하게 뚫리는 것을 느꼈다. 학교 바로 앞에서 상식적으로 있을 수 없는 일이 계속되고 있는데 아무도 나서서 해결하려 하지 않았던 이유를 비로소 알게 된 것이다.

사랑으로 하는 일은 바보짓도 존경받는다

20년 바보짓을 했어도 그것이 사랑 때문이었다면 그 바보짓은 위대한 업적이요, 존경받을 본보기이다. 바보짓을 하느냐, 잘난 짓을 하느냐보다 그런 짓을 하는 이유가 더 중요하다. 잘난 짓도 바보짓도 사랑 때문이라면 둘 다 좋은 일이다. 그러나 사랑이 아닌 이기심과 욕심 때문에 바보짓을 하면 그것은 정말 바보짓이 되고 잘난 짓을 하면 꼴사나운 짓이 된다.

김수환 추기경은 자신의 자화상을 바보로 그렸고, 자신을 바보라고 이야기하고 다녔다. 그러나 그를 정말 바보라고 생각하는 사람은 없다. 그의 바보짓은 사람을 사랑하기 때문에 하는 짓이었음을 모든 사람이 알기 때문이다.

부모는 자녀 앞에서 바보가 된다. 어린 자녀와는 비교할 수 없을 만큼 똑똑하고 잘난 부모가 어린아이를 행복하게 하기 위해서 어리광을 부리고 바보짓을 하는 이유는 자녀에 대한 사랑이 체면이나 명예보다 크기 때문이다. 어린아이 앞에서 바보짓을 하는 부모를 바라보는 사람 중에 그 부모를 정말 바보라고 곁눈질하는 사람은 한 명도 없다. 어린아이를 사랑하는 너그러운 부모로 바라볼 뿐이다.

너무 잘나서 사랑할 수 없는 것보다 사랑하는 사람들을 위해 바보가 되는 것이 낫다. 사실 행위는 아무 문제가 되지 않는다. 그 안에 담겨 있는 것이 사랑이냐 미움이냐가 더 중요하다. 사랑이 없는 행위로는 아무 것도 될 수 없다. 누군가를 사랑하지 못하고 무시하고 있다면 그 순간 나는 아무 것도 아닌 존재가 된다.

사람들은 저마다 자기 자신을 대단하다고 생각하며 살고 있다. 그러나 실제로는 아무 것도 아니다. 세상에서 대단한 건 없다. 사랑이 없이는 세상의 모든 것이 의미를 가질 수 없기 때문이다. 대단한 것은 단 하나, 사랑뿐이다. 사랑이 모든 것을 대단하게 한다.

오직 사랑으로

잘하는 것은 정말 잘하는 것이 아니다.
사랑하지 않으면 1등을 해도 아무 것도 하지 않은 것이다.
한평생 고생하고, 죽을 만큼 힘든 인생을 살았을지라도
사랑하지 않았다면 한평생 쓸데없는 일을 했을 뿐이다.
일 잘하기 위해 땀 흘리고,
맛있는 반찬을 만들기 위해 눈물을 흘리고,
돈을 벌기 위해 모욕을 당하고,
주어진 인생을 살아내기 위해 다치고 아프고 병이 들어도,
사랑하지 않으면 모든 일은 헛수고일 뿐이다.

아무 것도 하지 않아도 사랑했다면 모든 것을 한 것이고,
모든 것을 다했을지라도 사랑하지 않았다면
아무 것도 하지 않은 것이다.
무엇이든 정말 잘하고 싶다면 사랑해야 한다.
일하기 전에 사랑하고,
1등하기 전에 사랑하고,
성공하기 전에 사랑하고,
밥하기 전에, 남의 얼굴을 대하기 전에 먼저 사랑하라

사랑하는 사람에게는 모든 것이 충만하고

사랑하지 않는 사람에게는 모든 것이 공허하다.

사는 것이 재미없고 인생이 허무한 것은 사랑하지 않기 때문이다.

사랑으로 모든 것이 제자리를 찾아간다.

오직 사랑으로 나는 진정한 나 자신이 될 수 있다.

3 chapter ♥ 헌신과 진심으로 채움

성장하고, 성공하고, 잘살고, 잘먹는 것은

아무나 할 수 있는 일입니다.

나누고 베풀고 돌보고 함께하는 것은

사랑으로만 할 수 있는 일입니다.

사람을 위한 일은 사랑으로 할 수 있고,

돈을 위한 일은 아무나 할 수 있습니다.

돈을 위한 일보다 사람을 위한 일이 많아질 때

사람이 살 만한 세상이 될 수 있습니다.

장사하는 사람이 많아지면 잘사는 사람이 많아지고,

봉사하는 사람이 많아지면 모두가 잘살게 됩니다.

장사는 밑천만 있으면 누구나 할 수 있고,

봉사는 사랑만 있으면 누구나 할 수 있습니다.

장사와 봉사가 사랑으로 가득 채워질 수만 있다면…….

낙타가
싸기는 정말 싸다

'낙타가 싸기는 정말 싸다'는 터키의 속담이다.

낙타를 끌고 장에 다녀오는 길에 지인들과 주막에 들러 먹고 마시고 떠들고 노느라고 정신을 차리지 못한 사람이 집에 돌아와서야 자신의 낙타가 없어진 것을 발견하였다.

오던 길을 돌아 다시 시장까지 가보았지만 낙타는 흔적도 없었다. 낙타를 찾기 위해 함께 갔던 친구들과 돌아오며 미안한 마음에 낙타 주인은 사람들에게 한 가지 약속을 했다.

"내가 낙타를 다시 찾기만 하면 누구에게든 단돈 천 원에 팔겠네!"

"백만 원이나 하는 낙타를 정말 천 원에 팔겠다고?"

"그래! 이제 찾는다 해도 나 혼자만의 낙타는 아니니까!"

그는 어차피 낙타를 다시 찾을 가망이 없기에 잃어버린 낙타로 후한 선심이나 쓰려고 한 말이었다.

그런데 며칠 후 그는 낙타를 찾게 되었다. 잃어버린 낙타가 돌아왔다고 동네 사람들이 모두 모여서 축하해주었지만 그의 마음은 무겁기만 하였다. 낙타에 대해 자신이 뱉은 약속을 사람들이 기억하고 있을 것이기 때문이었다.

그의 친구들 중에 낙타를 천 원에 팔아야 한다고 말하는 사람은 아무도 없었지만 그들의 눈빛에는 낙타 주인의 진실성을 의심하는 표정이 담겨 있었다.

자신이 한 말을 지키지 않으면 앞으로 그는 친구들 사이에서 신뢰할 수 없는 사람으로 낙인찍히고 허풍쟁이로 취급받게 될 것이었다.

다음 날 아침 그는 다시 찾은 낙타와 집에서 기르던 고양이 한 마리를 끌고 시장으로 떠났다. 동네 사람들은 그가 낙타에 대한 약속을 지키러 간다는 것을 짐작하고 따라나섰다. 어쩌면 그의 낙타를 천 원에 살 수도 있을 것이었다.

시장에 도착한 낙타 주인은 낙타를 단돈 천 원에 판다고 소리쳤다. 그의 외치는 소리를 듣고 놀란 사람들이 모여들었다. 사람들이 모여들자 낙타 주인은 낙타의 판매 조건을 설명하였다.

"여기 있는 낙타를 단돈 천 원에 팝니다. 다만 낙타 목에 매달려 있는 고양이를 함께 사는 사람에게만 낙타를 팔겠습니다."

사람들은 낙타가 천 원이라는 말에 서로 사겠다고 나섰다. 그리고 함께 사야 하는 고양이는 얼마인지 물어보았다.

"고양이는 구십구만 구천 원입니다!"

천 원짜리 낙타를 사겠다고 달려들던 사람들이 고양이 값을 듣고는 다들 뒤로 물러섰다. 그 정도 값이면 다른 낙타를 살 수 있기 때문이었다. 둘러선 사람들이 수군대며 서로에게 말을 건넸다.

"낙타가 싸기는 정말 싸군! 저 쓸모없는 고양이만 아니라면 말이야!"

홍보용
구제활동

많은 기업과 관공서, 사회단체들과 유명인사들이 어려운 사람들을 위해 봉사하는 장면은 뉴스의 단골 메뉴가 되었고, 기업체와 국가 행정의 연례행사가 되었다. 그런데 이것들이 순수한 봉사와 희생이 아니라 남의 눈을 의식한 의도적인 이벤트라는 것을 많은 사람들이 알고 있다. 그렇게라도 선한 일들이 펼쳐지는 것이 다행인 것만은 분명하다. 그런 정도만으로도 어려운 사람들에게는 충분히 위로가 될 수 있기 때문이다.

그런데 따져보면 사람들이 남을 위해 희생한다고 하는 모든 활동은 실제로는 자신을 위한 활동이다. 그러면서 남을 위한 것이라고 포장하고 있을 뿐이다. 봉사의 대상을 생각하기보다 기업과 개인의 이미지를 위해 기부하고 봉사하는 측면이 많은 것도 부인할 수 없는 사실이다.

현대는 돕고 베푸는 것도 사업 수단이 되었고, 마케팅 정신이 봉사 정신을 추월하고 있다. 순수한 구제 활동이 아니라 홍보용 봉사가 되어가고 있다. 사진을 찍을 때까지는 웃으며 친절한 표정을 짓던 사람이 카메라를 든 기자들이 돌아서는 순간 원래의 무표정으로 돌아가는 모습은, 그들의 희생이 상대를 위한 것이 아닌 자신을 위한 것이었음을 보여주는 것이다.

물론 그렇게라도 해서 구제와 봉사가 사회의 기반을 이루게 된다면 참 좋은 일이다. 하지만 그것에 조금 더 추가해서 바라는 것이 있다면 홍보용이 아닌 사람을 위해, 정말 도움을 받는 대상을 위한 마음까지 가져주었으면 하는 것이다.

낙타를 천 원에 파는 사람은 약속을 지키기는 했지만 지키지 않은 것보다 더 나빴다. 차라리 자신의 약속이 너무 성급한 것이었다고 솔직하게 털어놓는 것이 나았을 것이다. 그러면 '낙타 값이 싸기는 정말 싸다'는 속담의 주인공까지는 되지 않았을 것이다.

때로 남을 위해 헌신한다는 사람들의 태도가 전혀 헌신적이지 않은 것들을 볼 수 있다. 약속을 지키기는 했는데 지키지 않은 것만 못할 때도 있다. 법적으로 잘못된 것은 없는데 인간적으로는 배신감을 주는 경우도 있다. 이 모든 것들의 공통점은 사랑이 빠졌다는 것이다.

사랑이 없는 헌신은 진정한 헌신이 아니다. 사랑이 없는 봉사는 참된 봉사라고 할 수 없다. 사랑이 빠진 법 집행은 어느 정도 냉정한 사회질서

를 유지할 수는 있어도 인간적으로 따뜻한 세상을 만들어낼 수는 없다. 그럴듯한 뉴스거리가 되는 홍보용 구제 활동은, 카메라 뒤에서 바뀌는 표정에 상처 입는 힘없는 사람들의 가슴앓이를 만들어낸다. 사랑으로 시작되지 않은 의도적인 헌신은 자기과시의 다른 표현밖에 되지 않는다.

어제의 팁, 오늘의 팁

귀빈 단골이 많은 터키탕에 허름한 옷을 입은 손님이 들어섰다. 그를 대하는 직원들의 서비스는 형편없었다. 부드럽고 우아해야 할 안마는 거칠고 무례했고, 당연히 행해야 할 친절한 태도도 없었다. 가난해 보이는 사람에게서 얻을 수 있는 팁이라야 동전 하나밖에 안 될 것이라고 생각했기 때문이다.

말할 수 없이 불친절한 대접을 받은 손님은 서비스를 마치고 돌아서는 직원들에게 황금동전 하나씩을 팁으로 주었다. 허름한 차림새였기에 팁을 기대하지 않았던 직원들이 황금동전을 팁으로 받자 사람을 제대로 알아보지 못해 실수했다는 표정으로 서로를 돌아보았다. 그들이 할 수 있는 일이라고는 허름한 차림새의 손님에게 깍듯이 배웅 인사를 하는 것밖에 없었다.

다음 날 그 손님이 어제와 같은 차림으로 터키탕에 들어서자 직원들은 그를 맞이하기 위해 앞다투어 달려나왔고, 이제까지 베풀어진 적이 없을 정도의 최고의 귀빈맞이를 했다. 손님은 서비스를 마치고 돌아서는 직원들에게 어제처럼 동전을 하나씩 나누어주었다.

황금동전을 기대했던 직원들에게 주어진 것은 아이들의 과자 값이나 될 법한 구리동전이었다. 무언가 잘못되었다는 생각으로 자리를 뜨지 못하고 미적거리던 직원들이 용기를 내서 손님에게 물어보았다.

"손님, 동전을 잘못 꺼내신 것 같은데요?"

"어제는 황금동전을 주시더니 오늘은 왜 구리동전을 주시나요?"

그러자 손님이 낮은 목소리로 대답하였다.

"오늘의 팁은 어제의 것이고 어제의 팁이 오늘 것이었네!"

진심으로 하라

속셈 있는 행동은 항상 슬픈 결실을 맺는다. 잘되면 남에게 아픔을 주기에 좋은 일이 될 수 없고, 잘못되면 자신의 명예를 더럽히게 되므로 부끄러운 일이 된다. 무슨 일이든 진심으로 하지 않았다면 좋은 결과를 얻기를 기대하지 마라.

이중적인 마음으로 남을 속이려 했던 사람들이 궁지에 몰리면 말한다.

"나는 할 바를 다했어! 잘못한 건 없다고!"

그러나 결코 잘한 것이 아니고, 할 바를 다한 것이 아님을 자신도 알고 남들도 안다. 알지만 이야기하지 않을 뿐이다. 그래서 남들이 묻지도 않았는데 핑계를 대고, 남들은 관심도 없는데 하소연을 하는 것이다.

아무도 물어보지 않은 일에 대한 핑계를 대고 있거나, 남들의 오해를 풀기 위해 구차한 설명에 매달리고 있다면 그것은 잘못한 일이 분명하다. 그때는 당장 하소연을 그치고 자기 실수를 인정하는 편이 훨씬 낫다. "난 그런 사람 아니야!"라고 소리치는 것보다 "그래, 나 그런 사람이야!"라고 하는 것이 속 편하고 저녁에 집에 들어가서 잠도 잘 잘 수 있다.

사람들이 당신의 고생과 봉사를 인정하지 않는 말을 해도 서운해할 것 없다. 희생과 헌신도 엄밀히 따지면 자기를 위한 일인데 그밖의 어떤 일이 자기를 위한 일이 아닐 수 있는가?

사람들은 진심을 보는 눈을 가지고 있다. 자신에게 실질적인 이득이 되지 않는다는 이유로 봉사를 적당히 하지는 마라. 돈을 받는 일도 열심히 해야 하지만 봉사는 진심으로 최선을 다해야 한다.

대가를 주고받는 거래는 적당히 해도 실수나 문제가 발생하지 않는 한 서운하지 않고 상처 입지 않는다. 그러나 봉사를 적당히 하면 봉사를 받는 사람은 거래에서 손해를 본 것보다 더 큰 상처를 받게 된다. 동등한 거래 상대가 아닌 일방적으로 받는 사람의 마음은 아주 약하기 때문이다. 봉사의 부작용은 거래의 부작용보다 크고 위험하다.

봉사와
장사

자기 경력을 위해 봉사하는 것은 진정한 봉사가 아니다. 물리적으로 돌려받는 게 없기에 봉사라고 할지 모르지만, 수고한 만큼의 수당을 받지 않을 뿐이지 자기만족과 주위의 칭찬이 쌓이고 인생 경력이 되는 것이기에 실제로는 더 많은 것을 받는다고 할 수 있다.

어떤 사람은 친구들에게 밥을 사고 차를 사고 호의를 베풀었던 것을 되새기며 "내가 그동안 해준 게 얼만데?" 하고 말한다. 그러나 그런 말을 한다는 것 자체가 그동안 그의 행동과 처신이 남을 위한 것이 아니라 자기를 위한 것이었음을 인정하는 것이다. 자신이 해준 만큼 돌려받을 마음으로 친구들에게 베푼 것이기 때문이다.

정말 상대를 위해, 남을 위해 선심을 베풀었다면 그것으로 끝나야 한다. 자신이 잘한 것을 남들 앞에서 들춰내는 순간 그의 잘한 것들은 이기적인 목적과 숨겨진 의도가 있었음을 보여주는 것이다. 그것은 결코 봉사라고 할 수 없다. 준 만큼 받고자 하거나 그 이상 받으려고 하는 것에 대해서는 아무도 봉사라고 하지 않는다. 그런 것은 장사라고 한다.

많은 사람이 봉사활동이라고 말하는 것들이 사실은 장사이다. 실제로는 장사인데 겉으로는 봉사인 척하는 것이다. 아무 것도 바라지 않고, 거만하지 않게, 이중적인 마음 없이, 부모가 자녀에게 베푸는 마음으로, 상대가 잘되기만을 바라는 생각에서 조건 없이 돕는 것이 진정한 봉사이다.

한 번 돕고 백 번 자랑하는 것은 정말로 도운 것이 아니다. 그것은 아주 조금 주고 큰 것을 빼앗아온 것과 같다. 진정한 봉사는 백 번 돕고 한 번도 자랑하지 않는 것이다. 지금 우리가 봉사라고 말하고 있는 것들의 대부분은 사실 장사이다.

총알 하나

먹을 것과 잠잘 곳을 찾아 거리를 떠돌던 한 부랑자가 공원 모퉁이에서 총알 한 개를 발견하였다. 허가 없이 무기를 소지하면 골치 아픈 일이 생길 수 있기에 그냥 지나치려다가 문득 총알 한 개로 누군가 위험한 상황을 당할 수도 있겠다는 생각이 들었다.

'아이들이 발견해서 가지고 놀다가 뇌관이 터지기라도 하면? 못된 놈들이 발견해서 무기로 사용하면 사람이 죽을 수도 있는데…….'

지나치려던 발걸음을 멈추고 그는 총알을 주워 가까운 경찰서로 갔다. 담당 경찰은 친절한 사람이었지만 예상대로 무기류에 대한 처리 절차는 복잡했다. 총알 하나를 안전하게 전달하는 것으로 끝나는 것이 아니라 누가, 어디서, 어떻게 가져오게 되었는지를 상세하게 기록해두어야 했다.

조서를 작성하기 위해 이름을 적던 경찰은 어디선가 들어본 이름이라며 조서에 적을 필요가 없는 것까지 물어보았다. 한참 대화를 나누던 경찰이 무엇인가 생각난 듯 벌떡 일어나 자료실로 가더니 실종자 명단에서 부랑자의 이름을 찾아냈다.

1년 전에 경찰서로 와서 30년 전에 잃어버린 자신의 형을 찾아달라는 실종신고를 낸 사람이 있었는데, 그 형 이름이 총알을 들고 온 부랑자의 이름과 일치했다.

경찰이 실종신고를 냈던 사람에게 전화를 걸어 사정을 이야기하자 신고자가 달려왔고 두 사람의 대화를 통해 서로가 형제인 것이 밝혀졌다.

오랜 세월 동안 가족도 없이, 일할 곳도 없이, 자신이 누구인지도 알지 못한 채 거리를 떠돌아야 했던 부랑자는 총알 하나로 형제와 가족과 자신의 삶을 다시 찾게 되었다.

대단한 건 사랑 하나뿐이다

일을 위해, 성공을 위해, 사회 변화와 의식 개혁을 위해 자기 몸을 불사르는 사람들이 있다. 그렇게 해서 목적한 바를 이루면 사람들은 스스로를 대단한 존재로 여기게 된다. 그러나 자기 몸을 불사를지라도 그것이 자기 하나를 위한 것이면 그 정도는 철없는 어린아이도 할 수 있는 일이다.

새로운 장난감이나 소꿉놀이에 정신을 빼앗긴 아이들은 밥 먹는 것까지 잊은 채 자기 몸을 놀이에 불사른다. 몸을 불사를 정도의 열의는 어린

아이들도 가지고 있는 보편적인 것이다.

어른들은 온몸을 불사르며 놀이에 빠져 있는 아이들에게 소리친다.

"밥 먹고 놀아라!"

"빨리 와서 밥 먹지 못해!"

엄마가 보기에 아이들이 온몸을 불사르며 노는 것은 밥 한 끼 먹는 것만도 못한, 의미 없는 것이다. 아이들의 놀이는 교육학적인 차원에서는 커다란 의미가 있겠지만 현실에서 보기에는 생산적이지도 않고 효과적이지도 않다. 엄마의 말 한마디면 당장 그쳐야 할 소일거리에 불과하다.

일면 어른들이 하는 모든 일 또한 아이들의 소꿉장난과 다를 바 없다. 온몸과 마음을 불사르며 중요하다고 생각되는 일에 빠져들지만 하늘이 그를 부르면 한순간에 모든 일을 그만두고 떠나야 한다. 세상을 바꿀 중대한 일이라고 생각했던 것들이 일순간에 멈추고 그와 연결되어 있던 모든 것들이 적막 속으로 떨어지고, 세상의 모든 것들은 떠난 사람을 배제한 상태로 재편성된다.

세상에 있는 모든 것 중에 인간에 대한 사랑보다 가치 있는 것이 있을까? 한 사람이 온 세상보다 귀하기에 사람을 사랑하는 일은 인류가 할 수 있는 것 중에 가장 소중한 일이다.

사랑이 담긴 한 마디 말은 야망이 담긴 백 마디보다 낫고, 사랑이 담긴 물 한 잔은 시기가 담긴 와인보다 낫다. 사랑은 만물의 중심인 사람에게 행복을 주지만 사랑이 아닌 것은 어느 누구에게도 행복을 주지 못한다.

존재하는 만물을 대단하게 하는 것은 사랑이다. 사랑이 담기면 모래알 하나도 보석이 된다. 세상의 모든 것은 사랑이 함께할 때만 참된 가치를

지닌다. 세상이 이렇게 소란하고 시끄럽고 험악하고 불안한 이유는 사랑이 아닌 물건들로만 채워졌기 때문이다.

세상에 존재하는 것들 중에 대단한 것은 없다. 대단한 것은 사랑 하나뿐이다. 사랑이 모든 것을 대단하게 한다. 사랑할 줄 모르는 사람, 그리고 사랑이 빠진 물건과 생각과 아이디어는 아무 것도 아니다.

아무 것도
바라지 마라

진정한 헌신은 나를 위해서는 안 해도 될 일을 남을 위해 하는 것이다. 나도 좋고 남도 좋은 것은 헌신이 아니라 투자이다. 또한 돌려받을 생각으로 베푸는 것도 장래를 위한 저축이지 헌신이 아니다. 돌려받을 생각이라면 주지도 마라. 돌려받기 어려울 뿐만 아니라 원망과 불평의 근거가될 수 있기 때문이다.

사람들이 실망하는 이유는 기대하기 때문이다. 남들에게 잘했다는 말을 듣고자 했다면 아주 작은 불평에도 크게 실망하게 된다. 모든 사람에게 좋은 말과 대접을 받을 거라고 기대하는 사람은 옆에서 나는 작은 한숨소리와 곁눈질 한 번에도 가슴이 무너져내릴 것이다.

진정한 헌신은 아무 것도 바라지 않는 것에서 시작된다. 내 앞에서 나를 칭찬하는 것이 듣기 좋은 사람은 아직 헌신하기에는 어린 사람이다.

그 정도의 자기 인식으로 헌신은 불가능하다. 그는 조금이라도 어려운 일이 생기면 남을 돕기는커녕 남에게 매달려 짐이 될 사람이다.

남을 위해 헌신할 준비가 된 사람은 자신을 칭찬하는 말이 나오면 화제를 다른 쪽으로 돌린다. 사람들의 시선이 자신에게 모아지는 것을 미리 막아내는 정도는 돼야 남을 위해 헌신할 수 있는 출발점에 섰다고 할 수 있다.

누군가에게 서운하다는 것은 무엇이든 돌려받으려고 했다는 의미이다. 베푼 후에 서운한 감정이 남아 있다면 그것은 남을 위해 준 것이 아니라 자신을 위해 준 것이다. 조금 주고 많이 받으려 했거나 많이 주고 많이 받으려 했거나, 많이 주고 조금 받으려 했거나, 조금 주고 조금이라도 받으려 했기에 서운한 마음이 떠나지 않는 것이다. 어떤 것에도 서운해하지 마라. 서운해지는 순간 헌신은 장사와 거래로 전락한다.

죄 없이
책임만 지는 인형

다섯 식구와 곰 인형 하나가 사는 집에 우유가 떨어졌다. 누구든 우유를 마지막으로 마신 사람이 다음 사람을 위해 우유를 사다 놓는 것이 오랫동안 지켜오는 집안의 규칙이었다. 그런데 어느 날 우유를 마지막으로 먹은 누군가가 우유를 사다 놓지 않아서 우유 통이 비어버렸다. 저녁에 가족들이 다 모인 자리에서 아버지가 호통을 치셨다.

"오늘 마지막으로 우유를 마신 사람이 누구냐?"

단단히 화가 난 아버지의 표정을 보고 가족들은 아무도 나서지 않았다. 가족들 중에 한 사람이 범인인 것이 분명한데 아무도 나서지 않자 아버지의 목소리는 점점 더 커졌다.

이러다가 정말 큰일나겠다는 생각이 들 때쯤 어린 막내가 자기 방으로 달려 들어갔다. 가족들은 다행히도 아버지의 화를 피할 수 있는 막내가 범인이라는 것에 안도의 한숨을 쉬었고, 아버지는 막내가 울기라도 하면 어떻게 달래야 할까를 염려하는 듯한 표정이 되었다. 그런데 막내가 곰 인형을 안고 나와 그것이 범인이라고 말했다. 막내는 곰 인형의 얼굴을 슬프게 만들어서 고개를 수그리며 아버지를 향해 흔들었다.

"아빠! 용서해주세요! 곰돌이가 잘못했다고 빌고 있잖아요!"

심각한 상황을 벗어나기 위한 막내의 애교스런 행동과 곰 인형의 슬픈 표정, 황당한 가족들의 반응이 교차되는 순간 일시에 웃음보가 터졌다. 한참을 웃고 난 후 모든 책임을 곰돌이에게 떠넘기자 문제는 해결되었다. 그리고 그후로 집 안에서 일어나는 모든 문제는 곰돌이의 탓이 되었다. 무슨 일이든 잘못된 일이 있거나 사과할 일이 생기면 막내가 곰돌이를 들고 나와서 미안하다고만 하면 웃음과 함께 문제는 해결되었다.

그러던 어느 날 막내가 곰돌이를 들고 나오더니 곰돌이가 억울하다고 하소연을 하였다고 전했다. 아무런 잘못도 하지 않고 모든 책임을 혼자 지는 것은 너무 불공평하다며 다른 가족들도 책임을 나누어 져야 한다는 것이었다.

가족들은 막내의 말이 일리 있다는 결론에 도달했고 모든 가족들이 일주일에 하루씩 문제를 책임지기로 하였다. 월요일은 아빠, 화요일은 엄마, 수요일은 곰돌이, 목요일은 형, 금요일은 누나, 토요일은 막내, 일요일은 옆집 아저씨.

그렇게 해서 곰돌이와 가족들은 아무런 잘못이 없어도 자기가 책임져야 하는 날에 일어난 문제에 대해서는 무조건 사과할 의무를 가지게 되었다. 하루 종일 밖에 있다가 밤늦게 들어온 형에게 가족들이 낮에 집 안에서 일어난 문제에 대해서 불평하면 무슨 일인지도 모르지만 형은 "미안해! 용서해줘! 앞으로는 잘할게!" 하고 사과한다. 그러면 온 가족은 웃음과 함께 "알았어! 이번만 용서하는 거야!" 하고 문제를 매듭지었다.

아무라도 책임질 사람만 있으면 문제는 쉽게 해결된다. 특히 일요일에 일어나는 문제는 모두 옆집 아저씨에게 돌려지지만 한 번도 옆집 아저씨에게 따진 적은 없다. 그저 그렇다고 가족들끼리만 알고 있을 뿐이다.

진정한 헌신은 죄 없이도 책임지는 것이다

남을 위해 헌신하는 사람은 결국 모든 사람의 존경을 받는다. 그런데 때로는 남의 책임을 대신 지고 이유 없이 욕먹고 조롱을 받아야 하는 경우도 있다. 진정한 헌신은 잘못한 것도 없이 미안하다고 이야기할 줄 아는 것이고, 남의 잘못도 내 잘못이라고 사과할 줄 아는 것이다.

무슨 일이든 잘하고 난 후에 남의 실수로 욕을 먹어도 자신이 실수한 것처럼 고개를 숙일 줄 아는 것이 헌신이다. 사실을 아는 사람들은 그런 행동을 취하는 사람에게 "혹시 바보 아냐?" 라고 이야기할 수도 있다.

바보가 맞다. 남을 위해 자신을 헌신하는 것은 바보가 아니면 할 수 없다. 모두가 자기 실속을 위해 살아가고 있는 시대에 남을 위해 자신을 희생한다는 것은 상식적으로 바보가 아니면 불가능한 행동이다.

헌신은 바보짓이다. 똑똑하고 잘나서 이해득실을 정확하게 계산할 줄 아는 사람은 남을 위해 헌신할 수 없다. 헌신은 계산하지 않거나 계산 못하는 바보정신에서부터 시작된다. 세상의 모든 위대한 인물들은 모두 바보처럼 남을 위해 헌신했던 사람들이다. 세상은 그들을 존경하기는 하지만 그들처럼 살지는 않는다.

그래서 세상에는 위대한 인물이 드물 수밖에 없다. 세상에는 진짜 바보와 바보 같은 성자가 있다. 날카로운 지성으로 부드럽게 사는 성자와 무디고 느려터진 가슴으로 날카롭게 사는 바보가 있다.

남을 위해 헌신적인 삶을 살기 바란다면 누가 그랬냐고 따지지 마라. 집 안에서 문제가 생기면 모든 것은 집에 없는 사람 책임이라고 생각하라. 결코 집 안에 있는 사람, 함께 있는 사람에게 책임을 추궁하지 마라. 헌신은 남의 책임을 따지지 않는 것이다.

진정한 헌신

세상이 요란한 것은
내가 시끄럽게 떠들기 때문이고,
아픈 사람이 있는 것은
내가 그들을 치료하지 않았기 때문이고,
싸우는 사람들이 있는 것은
내가 말리지 않았기 때문이다.
눈물을 흘리고 있는 사람은 슬픈 일 때문이 아니라
내가 눈물을 닦아주지 않기 때문이고,
배고픈 사람이 있는 것은
내가 너무 많이 먹었기 때문이고,
가난한 사람이 있는 것은
내가 너무 많이 가졌기 때문이다.

내가 경력을 자랑하는 순간
너의 경력은 초라한 것이 되고,
나의 지식이 빛을 받아 화려하게 꽃을 피우면
너의 지식은 시들어 죽어가는 잡초가 된다.
내가 얼마나 대단한 사람인지를 이야기하는 것은
상대가 얼마나 보잘것없는 사람인지를 말하는 것이고,

'나는 말이야!' 하고 자신을 추켜세우는 이야기는
'너는 말이야!' 하고 상대를 깎아내리는 이야기와 같다.
내가 가진 물건이 얼마나 좋은지를 이야기하는 것은
상대의 물건이 얼마나 나쁜지를 이야기하는 것이고,
내가 한 일을 자랑하는 것은
남이 한 일이 얼마나 쓸모없는 일인지를 이야기하는 것이다.
'너를 위해 내가 얼마나 고생한 줄 알아?' 하고 말하는 것은
이 모든 고생은 사실 나를 위한 것이라고 말하는 것이다.
정말 사랑했다면 '너 때문' 이라는 말은 할 수 없기 때문이다.

진정으로 사랑하는 것은
경력을 숨기고 잘난 것을 숨기고
죄 없는 부모가 아들의 잘못에 대한 책임을 지는 것처럼,
억울한 일을 당하고 오해를 받아도
그저 미안하다고 하는 것이다.
당신이 잘못해도 그건 내 책임이라고 말하는 것이
진정한 헌신이다.

4chapter ♥ 끈기와 인내로 채움

보름달은 한 달에 한 번 볼 수 있고,

가득 찬 보름달은 일 년을 기다려야 볼 수 있습니다.

추운 겨울을 참고 기다려야 봄이 오고,

순서를 기다려야 실력을 뽐낼 기회가 오고,

서운함을 참고 기다려야 오해를 풀 수 있습니다.

참는 것과 기다리는 것을 하지 못하면 사랑은 채워지지 않습니다.

오른쪽과 왼쪽 사이에,

앞과 뒤 사이에,

위와 아래 사이에,

나와 너 사이에,

사랑이 채워지기까지는 오랜 세월이 필요합니다.

사랑은 기다리면 반드시 찾아옵니다.

기다린 만큼 가득 채워질 것입니다.

사랑한다는 말을
안 하는 이유

중년 부부가 오랜만에 마주앉아 대화하던 중 아내가 남편에게 오래전부터 궁금했던 점을 물어보았다.

"당신은 결혼한 후에 나에게 사랑한다는 말을 한 적이 없는데, 왜 사랑한다는 말을 안 하는 거죠?"

아내의 물음에 남편은 아무런 안색의 변화 없이 퉁명스럽고 사무적인 어조로 대답했다.

"이십오 년 전에 우리가 결혼하기 전날 당신을 사랑한다고 말했잖소. 내 입장은 그때와 조금도 변한 것이 없소. 입장에 변화가 생기면 그때 알려주겠소!"

그리고 남편은 이내 다른 이야기를 꺼냈다. 그런 남편의 태도에 아내는 무슨 말을 해야 할지 몰라 그냥 넘어가버리고 말았다.

25년이 아니라
죽을 때까지 기다려야 한다

남자와 여자는 같지 않다. 여자는 매일 사랑을 확인하고 점검해야 하지만 남자는 입장 변화가 생기기 전에는 확인하려 하지 않는다. 아내는 남편이 사랑한다는 말을 매일 해주기 바라지만 남자는 한 번 말했으니 더 이상 말할 필요가 없다고 생각한다. 아내는 25년 동안 남편이 사랑한다고 고백한 말을 매일 다시 해주기를 기다렸지만 남편은 25년 전에 한 사랑의 고백을 25년 동안 기억하며 살고 있었다.

두 사람이 서로 다른 생각을 가지고도 가정을 유지하며 살 수 있었던 것은 서로를 향해 인내할 수 있었기 때문이다. 이 부부에게 서로 다른 부분은 사랑에 대한 고백과 표현만이 아니었을 것이다. 먹는 것과 입는 것, 행동하는 것과 말하는 것, 사람을 대하는 방식, 생각의 차이 등 같은 것보다는 다른 것이 더 많았을 것이다. 그럼에도 불구하고 서로에게는 남편과 아내로, 자녀들에게는 아빠와 엄마로 살 수 있었던 것은 25년 동안 서로 다른 면을 참아냈기 때문이다.

한두 번 참는 것으로는 결실을 맺을 수 없다. 결실을 맺을 때까지 끊임없이 참아야 한다. 한두 번 물을 준다고 화분에 심긴 나무에 꽃이 피지는 않는다. 한 번만 물을 주고 꽃이 피기를 기다린다면 그 나무는 꽃이 피기도 전에 말라 죽을 것이다. 꽃이 필 때까지 계속 물을 줘야 한다. 나무의 종류와 습성에 따라 알맞게 물을 주지 않으면 꽃은 절대 피어나지 않을 것이다.

사람도 마찬가지다. 상대에게 바라는 것이 있다면 그것이 이루어질 때까지 오래 기다려야 한다. 끝까지 기다려야 결실을 얻을 수 있다. 남자에게 매일 사랑한다는 말을 듣기 위해서는 25년 가지고는 부족하다. 한 30년쯤 지나면 사랑한다는 말을 일상적으로 할 수 있는 상태가 될지도 모르겠다.

　일반적으로 동양 문화권에서 남자가 아내에게 사랑한다고 말하는 것은 상당히 쑥스럽고 남자답지 못한 것으로 인식되어왔다. 그런 인식이 단시일 안에 바뀔 것이라고 기대하면 돌아오는 것은 실망밖에 없을 것이다. 아내가 바라는 것을 남편이 해줄 수 있기까지는 25년으로는 부족하다. 30년, 아니 죽는 순간까지 기다려야 겨우 가능할 수도 있다.

　부부가 함께 산다는 것은 오래 참는 것이 아니면 불가능하다. 남편이든 아내든, 아들이든 딸이든, 사람은 오래 참아야 할 대상이다. 참지 않아도 될 만한 사람이란 세상에 없다.

인생에서
참지 않고 되는 일은 없다

　여행은 다리 아픈 것을 참아야 하고, 물놀이도 뜨거운 햇살을 참아내야 즐길 수 있다. 젊은 때의 휴가는 돈과 시간과 체력을 쓰면서도 즐거운 추억을 만들 수 있는 것이 좋지만, 나이가 들어 기력이 떨어지면 휴가를 가는 것도 돈 쓰면서 고생하는 귀찮은 일이 된다. 피곤하고 힘든 여정을 참아낼 마음과 체력이 없는 사람에게 여행은 즐거움이 아니다. 그다지 좋을 것 없는 지겨운 방황과 다를 것이 없다.

　공부를 잘하기 위해서는 근질거리는 몸을 달래가며 오래 참고 책상에 앉아 있어야 한다. 일을 잘하기 위해서도 참아야 하고 작품을 만들기 위해서도 참아야 한다. 살을 빼기 위한 다이어트도 먹고 싶은 욕구를 참아야 목적을 이룰 수 있다. 참는 것 없이 되는 일은 망하는 것과 병드는 일, 실패와 욕먹는 일이다. 참지 않고 저절로 되는 일은 인생을 좀먹는 일뿐이다.

슬픔과 괴로움도 참아야 한다. 슬픔을 참지 않으면 점점 커져서 감당할 수 없는 아픔이 되고, 괴로움을 참지 않으면 해결할 수 없는 문제가 된다. 그리고 그 결과는 병으로 나타난다. 조절되지 않은 슬픔과 괴로움의 끝은 신체의 쇠약으로 인한 면역성 저하를 가져오고 결국 가장 약한 곳에서부터 병이 생겨나기 시작한다. 그리고 참지 못한 슬픔과 조절되지 않은 괴로움 때문에 도달하는 종착역은 참을 수 있을 때 참지 못했다는 후회의 감정이다. 자신의 어리석은 행동을 자책하는 고통은 병이 주는 고통보다 더 크다.

잘살기를 바라는 사람은 참는 것을 배우고 익혀야 한다. 인생에서 참지 않고 될 일이란 거의 없다. 사람과의 관계도 참아야 좋아질 수 있는 건 두말할 필요도 없다. 무엇을 어디까지 참아야 하는가? 참을 만한 것은 누구나 참을 수 있다. 그 정도 가지고는 참았다고 하면 안 된다. 참을 수 없는 것들을 참아내는 것이 진정한 참음이다. 참기 어려운 일을 참고, 참기 어려운 사람을 참고, 도저히 참을 수 없는 상황까지 참아야 한다.

어려운 시기를
참아라

중국 춘추전국 시대, 관직에서 물러난 강태공은 책을 가까이하며 어지러운 세월을 관망하고 있었다. 그의 부인은 남편에게 남들처럼 세상에 나가 번듯한 관직이라도 하나 얻어오라며 성화를 했다. 칠순이 다 된 강태공은 그 나이에 다시 말단 관리직을 얻어 생계를 꾸리는 것보다는 한적한 곳에서 학문을 가까이하며 하늘이 주는 때를 기다리는 것이 낫다고 생각하였다. 또한 은나라는 부패하여 오래가지 못할 것이라는 것이 그의 판단이었다.

강태공의 심중을 헤아리지 못한 그의 아내는 남편에게서 더 이상 희망이 없다는 결론을 내리고 오랜 세월의 부부 연을 끊고는 친정으로 돌아가 버렸다. 강태공은 자신의 아내가 떠나가는 것을 보면서도 부인의 말을 따르지 않았다. 새로운 시대가 열리고 하늘이 기회를 주면 언젠가는 세상으로 나아가 배우고 익힌 학문을 토대로 새 나라를 건설할 수 있을 것이라고 생각하였다.

바늘도 없는 낚시를 드리우고 한적한 곳에서 세월을 낚고 있던 그는 우연히 방문한 주나라의 무왕과 허심탄회한 이야기를 나누게 되었다. 강태공과 이야기를 나눈 무왕은 그의 지식과 학문에 감탄하여 자신의 스승으로서 국정에 대한 자문관이 되어줄 것을 요청하였다.

무왕은 강태공의 조언에 따라 은나라의 왕을 폐위시키고 제나라를 설

립하여 강태공을 첫 분봉 왕으로 파송한다. 왕이 된 강태공은 백성들의 풍습과 민심을 잘 살피고 따르며, 인간의 도리를 통치 이념으로 삼아 3개월 만에 새 나라의 기틀을 완성하였다.

자신의 남편이 왕이 되었다는 소식을 들은 부인이 강태공을 찾아와 부부의 연을 다시 잇기를 청하였다. 그러자 강태공은 사발에 담긴 물을 마당에 쏟은 후 부인에게 사발을 주며 "엎지른 물을 다시 담아보시오!"라고 하였다. 부인이 "엎질러진 물을 어찌 다시 담을 수 있겠습니까?" 하고 대답하였다. 그러자 강태공이 대답하였다.

"엎지른 물을 다시 담을 수 없듯이 우리는 다시 부부가 될 수 없소!"

강태공의 아내가 좋을 때 떠나서 어려울 때 돌아왔다면 부부의 연은 다시 이어질 수 있었을 것이다. 그러나 어려울 때 떠난 사람이 좋을 때 돌아와서 다시 좋은 관계로 이어지길 바라는 것은 욕심 때문임을 누구라도 알수 있다. 그는 이미 신뢰를 잃은 사람이다.

좋을 때는 아무 것도 참을 것이 없다. 아무 문제 없는 것을 참을 수 없다면 그것도 큰 문제라고 할 수는 있으나 살 만한 상황에서 인내를 배울 수 없는 것은 분명하다. 인내는 어려운 상황에서만 배울 수 있다. 어려움을 당하는 것이 좋은 일이라고는 할 수 없지만 참는 것을 훈련하기 위해 그만 한 과정은 없다. 그러므로 어려운 시기를 당했을 때 인내를 배울 기회가 온 것이라고 생각하면 그 시기를 조금은 여유롭게 보낼 수도 있다.

좋은 시기에는 아무 것도 참을 것이 없는 반면 어려운 시기에는 모든 것이 참아야 할 대상이 된다. 평소에는 일상적으로 주고받던 말이 힘들

때는 아픔과 상처를 주는 말이 될 수 있고, 우연히 얼굴을 돌리다 마주친 눈길도 외면하는 것으로 인식된다.

어려운 시기에는 칭찬하는 말이 비꼬는 말로 들리고 염려하는 말도 무시하는 말로 들린다. 일상적인 상황에서는 웃어넘길 수 있는 말 한 마디가 문제가 있을 때는 오랫동안 잊히지 않는 슬픈 기억이 된다. 어려운 시기에는 산들바람과 따듯한 햇볕도 참아야 할 것이 되고, 지나가는 사람의 곁눈질도 극복해야 할 아픔이 된다.

어려운 시기에는 모든 것이 참아야 할 대상이기에 그 시기에는 특별한

자기 관리가 필요하다. 힘든 시기에는 참지 못하면 모든 것이 문제가 되고 모든 것을 통해 갈등과 오해, 아픔과 상처가 벌떼처럼 몰려오게 된다.

못난 것을
참아라

자기 일을 잘해서 남에게 유익을 줄 뿐 아니라 남이 해야 할 일까지 쉽게 만드는 사람이 있다. 반면에 자기에게 주어진 일을 제대로 처리하지 못해서 주위 사람에게 피해를 주는 사람도 있다. 이런 사람을 만나면 누구라도 화가 날 수밖에 없다. 못난 사람을 만나면 속상한 것은 당연하다. 그때가 참아야 할 때이다.

잘난 사람에게는 화낼 일이 없다. 시기하거나 부러운 마음이 들기는 하지만 소리를 지르거나 핀잔을 줄 만한 상황은 주어지지 않는다. 그러나 못난 사람을 만나면 호통쳐야 할 상황이 생긴다. 참는 것은 그러한 때를 위한 것이다. 못난 사람을 참아주지 않는다면 누구를 참아줄 것인가?

못난 사람을 대하게 되면 혼내지 말고 참아야 한다. 못난 것도 불쌍한데 남에게 꾸지람까지 듣는다면 얼마나 힘들겠는가? 못난 것을 바라보는 사람도 속이 상한데, 본인은 얼마나 더 힘들겠는가? 아무리 못난 사람도 자신의 부족한 건 그럭저럭 적응하며 살 수 있다. 그러나 남에게 자신의 못난 것을 지적당할 때는 정말 적응하기 어렵다. 지적당하고 혼나는 것은 언제나 새롭고 언제나 괴롭기 때문이다.

실수할 때
참아라

잘할 때는 참을 것도 없다. 실수할 때가 참을 때이다. 자신의 실수뿐 아니라 남의 실수도 참아야 한다. 참지 않으면 작은 실수는 더 큰 실수가 되고, 큰 실수는 더 많은 실수를 낳게 된다.

잘한 일은 칭찬하지 않아도 상대의 상황이 크게 달라질 것은 없다. 그러나 실수는 과하게 지적하면 아픔이 된다. 실수를 참으면 인성 계발의 기회가 되고, 겸손을 배우게 되고, 조화와 협동의 가치를 알게 된다. 실수를 통해 받는 스트레스를 잘 참아내기만 하면 실수는 자만심을 버리는 계기가 되어서 남을 존중하고 연합할 수 있는 기회를 만들어준다.

답답한 것을
참아라

누구나 할 수 있는 일, 아주 쉬운 일을 망치는 답답한 사람들이 있다. 한 번에 끝날 일을 열 번 해도 못하는 사람도 있다. 쌀 가지고 밥을 못하는 사람도 있고, 고등어를 굽지 못하는 사람, 된장으로 찌개를 못 끓이는 사람, 라면을 못 끓여서 라면 국을 만드는 사람, 커피를 맛있게 못 타는 사람, 톱으로 나무를 자르지 못하는 사람, 글은 아는데 책을 못 읽고 읽더라도 내용을 모르는 사람, 말은 할 줄 아는데 알아듣지 못하는 사람, 이건 잘하는데 저걸 못하는 사람, 저건 잘하는데 이걸 못하는 사람들이 있다.

물론 모든 것을 다 잘하는 사람은 거의 없다. 사람은 누구나 답답한 면을 가지고 있다. 그러므로 서로의 답답함을 참아야 어울려 살 수 있다. 참지 못하면 누구와도 어울려 살 수 없다.

아니다 싶을 때
참아라

그럴 만한 일은 참을 필요가 없다. 일리 있고 당연한 이야기에 대해서는 고개를 끄덕이게 된다. 그러나 고개가 저절로 옆으로 돌아갈 때도 있다. 반론을 제기하고 싶을 때, 벌떡 일어서서 자리를 박차고 나가고 싶을 때, '아니'라는 말이 입 밖으로 튀어나오려고 할 때가 참아야 할 때다. 아닌 걸 참지 않으면 무얼 참는가?

평소에 참는 건 참는 게 아니다. 그것은 일상생활이다. 내 생각과 다르고 내 방식과 다를 때, 서로의 스타일이 다를 때, 구색이 안 맞을 때, 남이 알지 못하는 정답을 알고 있을 때가 참아야 할 때이다. '그럴 수도 있지', '그럴 수도 있겠구나' 하고 상대의 상황을 이해하라. 다 이해하라. 모든 것을 이해하라. 상황을 보면 참을 수 없으나 사람을 보면 참을 수 있다.

사람을 참아라

사람은 무조건 참아야 한다. 사람을 둘러싼 환경과 조건은 아무 의미가 없다. 도저히 있을 수 없는 상황이 발생한다 해도 그곳에 사람이 있으면 참아야 한다. 참으면 함께 살 수 있고 참지 못하면 어울려 살 수 없다. 혼자 사는 사람은 아무 것도 참을 필요가 없다. 참을 만한 일이 거의 일어나지 않기 때문이다. 그러나 혼자 사는 것을 참을 수 없다면 사람을 참아야 한다.

사람은 문제로 똘똘 뭉친 존재이다. 모든 문제의 시작과 끝은 사람이다. 사람이 있는 곳에 문제가 있고, 사람이 있는 곳에 인내가 필요하다. 지금 이후 모든 순간, 어느 곳이든 사람이 있는 곳에 가면 참을 각오를 해야 한다. 참지 못하면 혼자일 수밖에 없다.

사랑이
사치인가?

그는 일밖에 모르는 남자였다. 하루에 세 군데서 아르바이트를 하며 학교를 다니고 가족을 책임져야 했기에, 한순간도 자신을 위해 쓸 시간이 없는 사람이었다. 오랫동안 그를 지켜보던 한 여학생이 그가 마음에 든다며 정식으로 사귀고 싶다고 하였다.

여학생의 제안을 받은 그는 그럴 형편이 되지 않고 시간을 낼 수도 없다고 거절하였다. 그러자 여학생은 아무 것도 바라는 것이 없으니 부담 갖지 말라며, 멀리서 바라보기만 할 테니 염려하지 말라고 하였다.

일만 하는 남자친구와 얼굴만 보고 헤어지기를 6개월. 두 사람은 처음으로 데이트를 나섰다. 함께 밥을 먹고 커피도 마시고 영화를 보기 위해 극장으로 가는 중에 남자의 휴대전화기가 울렸다. 대신 일하기로 한 사람이 급한 일이 생겨서 못 오게 되었으니 나와서 일을 도와달라는 내용이었다. 함께 있는 여자친구에게 말도 못하고 안절부절못하며 눈치만 보고 있는데 여학생이 먼저 말을 꺼냈다.

"죽어라고 사람을 부려먹네! 어떻게 너한테만 그렇게 일을 시키는 거야? 나보다 일이 더 중요하다고 생각하면 가! 그렇지만 우린 이걸로 끝이야! 더 이상 나도 참을 수 없어!"

어쩔 줄을 모르고 한참을 서 있던 남자는 들고 있던 팝콘을 건네주고 슬픈 눈으로 돌아서서 떠나가고 말았다.

며칠이 지나 화가 누그러진 여학생은 얼굴도 보고 사과도 할 겸 남자가 일하는 곳을 찾아갔다. 그러나 그곳에서 여학생은 남자친구 대신 그가 남긴 편지를 받게 되었다.

나에게 사랑은 사치였어! 여자친구를 사귀고 싶은 욕심에 너를 만났는데 아직 나는 다른 사람을 행복하게 할 능력도 없고 그럴 만한 상황도 안 되는 것 같아. 그동안 정말 고마웠어!

여학생은 세상에서 가장 성실하고 가능성 많은 남자를 그렇게 놓치고 말았다.

참지 못하면 얻지 못한다

참으면 얻고 참지 못하면 얻지 못한다. 사람을 얻는 것도, 사랑을 얻는 것도, 기회를 얻는 것도 참아야 가능하다. 참지 못하면 아무 것도 얻을 수 없다. 조금 참으면 조금 얻을 수 있고, 많이 참으면 많이 얻을 수 있고, 다 참으면 다 얻을 수 있다.

참는 것을 못하는 사람이 세상에서 얻을 수 있는 것과 이룰 수 있는 것은 거의 없다. 공부도, 친구도, 일도, 취미도 모든 좋은 것은 참아내는 과정을 필수적으로 거쳐야만 한다. 좋은 사람을 만나기 위해서는 그가 주어진 일과 책임을 다할 수 있도록 그의 시간을 빼앗지 말아야 한다.

내가 원하면 언제나 만날 수 있는 사람, 나를 위해 모든 것을 포기할 수 있는 사람도 한두 번이지 늘 그럴 수는 없다. 마음대로 시간을 낼 수 없는 사람을 만나기 위해서는 시간이 날 때까지 참아야 하고, 약속했다 취소하고, 다시 취소하고, 또 취소해도 참아야 한다. 이해하고 이해하고 또 이해하지 못하면 그렇게 바쁘게 일하는 책임감 강한 사람을 만날 수 없다.

성공의 자리에서 실패, 실패의 자리에서 성공

유명한 지휘자와 새롭게 떠오르기 시작한 소프라노가 만나서 가정을 이루었다. 주위에서는 환상적인 커플이라며 부러워했다. 인기를 얻기 시작한 여인은 남편의 유명세와 개인적인 지도에 의해 곧 프리마돈나가 되어서 부부가 함께 음악계의 정상에 오를 것이 분명해 보였다.

그런데 사람들의 기대와는 달리 여인은 계속 실패했고 그로 인해 점점 활력을 잃어갔다. 최고의 명성과 실력을 가진 남편의 세밀한 지도와 충고를 받음에도 불구하고 여인의 음악성은 좀처럼 회복되지 않았다. 결국 그녀는 음악가로서의 삶을 포기하고 평범한 아내로서 남편을 내조하는 삶을 살게 되었다.

세월이 흘러 그녀는 남편을 먼저 떠나보내고 홀로 지내다가 지인들의 소개로 한 사업가를 만나 재혼하였다. 한가한 날 주방에서 들려오는 아내의 노랫소리를 들은 남편은 깜짝 놀라 아내에게 달려갔다. 그러고는 자신이 지금까지 살면서 이렇게 아름다운 노랫소리는 들어보지 못했다고 말했다.

　　남편은 아내에게 자신이 적극적으로 도울 테니 다시 노래를 시작하라고 하였다. 그러나 이미 아픈 경험을 했던 여인은 자신의 나이와 과거의 실패를 핑계로 선뜻 남편의 뜻을 받아들이지 않았다. 하지만 남편은 그런 재능을 가지고 노래를 하지 않는다는 것은 하늘이 준 사명을 저버리는 일이라며 강하게 밀어붙였다.

　　남편의 지지와 후원으로 뒤늦게 다시 노래를 부르기 시작한 여인은 의외로 많은 사람들의 갈채를 받으며 최고의 자리에 오르게 되었다. 그녀를 아는 사람들은 그녀를 향해 성공할 만한 환경에서는 실패하고, 도리어 실패할 만한 상황에서 성공하는 이상한 음악가라고 평했다.

　　그러나 실상은 그렇지 않았다.

　　그녀의 첫 남편은 뛰어나고 완벽한 음악 실력을 가지고 있었기에 그녀의 잘못과 실수를 집중적으로 찾아내서 고치려고 하였다. 그러한 남편의 태도로 인해 그녀는 자신의 단점에 몰입하게 되었고 결국 음악가로서 가장 중요한 자신감을 잃어버리고 말았다.

　　반면에 음악이라고는 전혀 알지 못하는 두 번째 남편은 그녀의 노래가 세상에서 최고로 아름답다고 매일 감탄하는 말을 해주었기에 아내는 잃어버렸던 자신감을 회복하게 되었다. 그러자 원래의 음악 실력이 살아나게 되었고, 그로 인해 자신의 기량을 최대로 발휘할 수 있게 된 것이다.

너무 잘나면
참지 못한다

너무 많이 알면 참을 수 없게 된다. 정답을 알고 있는 사람은 답을 모르는 사람의 망설임을 참아주지 못한다. 답을 모르는 사람은 끝까지 어떤 답이 나올지를 조용히 기다리는 반면, 답을 아는 사람은 빨리 말하지 않는 사람을 향해 소리치고 재촉한다. 이런 상황에서는 아는 것이 도리어 인내심을 발휘할 수 없게 만들고 다른 사람과의 관계도 어색하게 만들어 버린다.

너무 잘나면 못난 것을 참지 못하고 이해하지 못한다. 남의 일에 참견해서 일을 그르치는 사람들은 못난 사람들이 아니라 잘난 사람들이다.

일은 어떻게든 마치면 된다. 그러나 참견하는 사람이 많아지면 쉽게 끝날 일도 어려워지고, 일 자체보다 일로 인해 파생되는 갈등 때문에 일은 점점 더 어려워진다.

쉬운 일을 어렵게 만드는 사람들은 자기 욕구를 참지 못하고 남의 일을 간섭하는 사람들이다. 그 사람들은 거의가 잘나고 똑똑하다. 그들의 잘난 것과 현명한 것이 다른 사람들의 의욕을 꺾고 실패를 조장하는 결과를 낳는다.

죽이 되면 죽을 먹으면 되고, 밥이 되면 밥을 먹으면 된다. 밥을 하는 중에 참견하는 사람들이 많아지면 죽도 밥도 아닌 쓰레기가 된다. 어느 길로 갈 것이냐를 두고 싸우는 것보다 먼 길이라도 사이좋게 돌아가는 것이 낫고, 맛있는 음식을 먹기 위해 싸우는 것보다 맛없는 음식이라도 좋은 분위기에서 먹는 것이 낫다. 잘난 사람은 그 잘난 만큼 참는 법을 배우지 못하면 잘난 것이 자신을 비롯해 모두에게 아픔이 될 것이다.

참지 못하면 얻지 못한다

참는다는 것은 욕심을 버리는 것이다.
물질 욕심에 끌려가는 사람은
단돈 10원에 목숨을 걸고
감정 욕심에 끌려가는 사람은
곁눈질 한 번에 평생 친구를 원수로 만들고
명예 욕심에 끌려가는 사람은
단 한 번의 불명예를 죽는 순간까지 괴로워한다.
욕심을 버리면
전 재산을 잃어도,
손가락질을 받아도,
치욕을 당해도 슬프지 않다.
잘나면 참을 수 없고,
많이 알면 참을 수 없고,
완벽하면 참을 수 없다.
참지 못하면 좋은 물건은 얻을 수 있겠지만
사람은 결코 얻을 수 없다.

인생에서 참지 않고 되는 일은 없다.
여행도 물놀이도,

다리 아픈 것과 뜨거운 햇살을 참아야 한다.
공부도, 사업도, 일도, 작품도 참아야 이루어지고
다이어트도 참아야 성공한다.

인생도 참아야 완성되고, 관계도 참아야 좋아진다.
참는 것 없이 되는 일은
망하는 것과 병드는 일, 실패와 욕먹는 일이다.
슬픔도 괴로움도 참지 않으면
병든 후에 병이 주는 아픔보다
참지 못한 후회로 고통을 당할 것이다.
어려운 시기를 참고, 못난 것을 참고,
실수한 것을 참고, 답답한 것을 참고, 아닌 것을 참아라.

사람의 모든 상황을 이해하고 누구라도 참아야 한다.
참지 못하면 얻을 수 없다.
조금도 참지 못하면 조금도 얻을 수 없고,
다 참으면 모든 것을 얻을 수 있다.
마음대로 시간을 낼 수 없는 사람을 기다리되 끝까지 기다리고,
약속했다, 취소하고, 다시 취소하고, 또 취소해도 서운해하지 말고,

이해하고, 이해하고, 또 이해하는 것이 오래 참는 사랑이다.

죽 되면 죽 먹고, 밥 되면 밥 먹어라.
참견하고 혼내면 죽도 밥도 아닌 쓰레기가 된다.
다 된 것은 언제나 잘했다 하고,
빨리 가기 위해 싸우지 말고
사이좋게 먼 길을 돌아가라.
잘난 사람이 잘난 만큼 참는 법을 배우지 못하면
잘난 것은 잘난 만큼 아픔이 될 것이다.

일리가 있는 것과 그럴 만한 것은 참을 대상이 아니다.
고개가 저절로 옆으로 돌아갈 때,
반론을 제기하고 싶을 때, 당장 일어서고 싶을 때,
'아니' 라는 말이 튀어나오려고 할 때가 참아야 할 때다.
아닌 걸 참지 않으면
도대체 무얼 참는다는 것인가?
내 생각과 다를 때,
내 방식과 다를 때,
스타일이 다를 때,

구색이 안 맞을 때,
정답을 알고 있을 때 참아야 한다.

참는 것은 이삿짐을 싸는 것보다 더 힘이 들고,
박사학위를 받는 것보다 더 신경 쓰이고,
김장을 담그는 것보다 맵고,
구수한 장을 담그는 것보다 더 오래 걸린다.
그러나 참는다면 그 모든 것을 다 얻고
그 위에 하늘의 은총까지 얻을 것이다.

5chapter ♥ 온유한 사랑으로 채움

부드러운 것은 많은 것을 포용합니다.

자기의 한계를 넘어 두 배 세 배를 담기도 합니다.

하지만 단단한 것은 자기 용량을 결코 넘어서지 못합니다.

조금만 많이 담아도 심하게 긴장하다가

한번에 터져서 모든 것을 허공으로 날려버립니다.

사랑은 난로보다 따뜻하고 양털보다 부드럽습니다.

사랑으로는 담지 못할 것이 없습니다.

이해하지 못하는 것, 용서가 안 되는 것,

화가 나는 것, 얼굴이 경직되는 것은

사랑하지 않기 때문입니다.

사랑은 세상에 있는 모든 것을 담고,

모든 사람의 마음과 영혼까지 담고도 남을 만큼 부드럽습니다.

세상이 아무리 커도 사랑을 채울 수 없지만,

사랑은 아주 작아도 온 세상을 가득 채울 수 있습니다.

사랑의
온도

차가운 날씨에는 모든 사람이 추위를 느낀다. 몸을 움츠리고 긴장한 채 종종걸음으로 집을 향해 달려간다. 찬바람을 맞으면 감기에 걸리고, 콧물을 흘리기도 하고, 마음대로 숨을 쉬지 못해서 답답한 일상을 보내야 한다. 그래서 추운 겨울에는 많은 사람들이 따뜻한 봄날을 그리워한다. 그러나 길지 않은 봄이 지나고 여름이 오면 흐르는 땀과 체력을 빼앗아가는 무더위에 지쳐서 시원한 가을이 오기를 고대한다.

사람들은 해마다 반복되는 겨울의 추위와 여름의 더위에 적응하지 못하고 그때마다 불평한다. 지나간 추위보다 지금 당하는 추위가 최고로 춥고, 지난 더위보다 이번 더위가 가장 덥다고 생각한다. 그만큼 추위와 더위는 적응할 수 없는 절대적 요소를 가지고 있다.

여름과 겨울에 비해서 봄과 가을을 불평하는 사람은 거의 없다. 추위에 고생하다가 만나는 따뜻한 봄과 무더위에 시달리다 맞이하는 시원한 바람은 모든 사람의 마음을 행복하게 한다. 봄과 가을이 환영받는 이유는 계절 자체의 매력보다는 추위와 더위의 계절 다음에 있기 때문이다.

봄과 가을 두 계절의 특징은 너무 춥지 않고 너무 뜨겁지 않다는 것이다. 이 두 계절은 사랑의 특징과 같다. 사랑은 언제나 따뜻하다. 너무 뜨겁지도 않고 차갑지도 않은 온도가 사랑의 온도이다.

차가운 것과 뜨거운 것은 동상과 화상을 준다. 온도의 기준은 사람이다. 사람에게 해로울 정도의 온도는 차갑거나 뜨거운 것이다. 사람이 느끼기에 기분 좋을 정도의 온도가 따뜻하거나 시원한 온도이다. 사랑의 온도는 따뜻하거나 시원한 정도의 온도이다. 냉정해서 찬바람을 일으키는 것과 뜨거워서 열 받게 하는 것은 사랑이 아니다. 사랑이라는 말을 외칠지라도 차갑고 뜨거운 것은 상대를 병들게 하거나 물러서게 한다.

사람은 저마다 다른 온도를 가지고 있다

사공이 어린 아들을 데리고 고기를 잡으러 바다로 나갔다. 아들을 선실 안에서 놀게 두고 고기가 잡힐 만한 곳을 향해 아버지는 부지런히 움직이며 노를 저었다. 바람과 파도를 가로질러 가려니 노를 젓는 것이 쉽지 않았다. 두꺼운 외투를 입어야 견딜 수 있을 정도의 찬바람이 불었지만 열심히 몸을 움직이는 사공의 이마에는 땀이 맺히고 몸에서는 열이 나기 시작하였다.

외투를 벗고 한참 일하던 사공은 문득 선실에 있는 아들이 떠올랐다. 바람 부는 밖에서도 이렇게 더운데 선실 안에 있는 아들은 얼마나 더울까 하는 생각에 그는 선실로 들어가 아들의 두꺼운 외투를 벗겨주었다.

다시 밖으로 나와 노를 잡은 사공은 어장으로 가기 위해 열심히 배를 몰았다. 외투를 벗었지만 얼굴에서는 계속 땀이 흘렀고 몸에서 나는 열은 좀처럼 식지 않았다. 바다 한가운데니 보는 사람도 없을 것이라는 생각에 사공은 겉옷을 다 벗어던지고 속옷바람으로 배 위를 뛰어다녔다. 시원한 바람을 맞으며 노를 젓고 있노라니 아들도 자신처럼 더울 것이라는 생각이 들었다. 그래서 선실로 가서 아들의 겉옷을 벗기고 시원한 속옷 차림으로 놀고 있으라고 하였다.

속옷만 입고 일을 하던 사공은 이내 다시 더위를 느꼈고, 튀어오르는 바닷물에 속옷이 젖자 차라리 맨몸으로 노를 젓는 것이 낫겠다는 생각이 들었다. 속옷마저 벗어버린 채로 노를 젓자 사공은 더 이상 바닷물이 튈 것도 염려되지 않고, 시원하기도 그지없어서 상쾌한 기분이 되었다. 그러다가 다시 아들 생각을 하고는 선실로 들어가 시원하게 알몸으로 놀라며 아들의 속옷을 벗겨주었다.

한참을 정신없이 배를 몰아 고기가 있는 곳에 도착한 사공이 바다에서 튀어오르는 고기들을 보여주기 위해 선실에 있는 아들을 데리러 갔다. 그런데 신나게 놀고 있어야 할 아들은 몸을 오그린 채 오들오들 떨고 있었다. 그제야 사공은 자신의 체온과 아들의 체온이 같지 않다는 것을 발견하였다. 그는 눈앞에서 튀어오르는 물고기를 뒤로한 채 추위에 떠는 아들을 데리고 집으로 돌아가고 말았다.

사람의 체온은 36.5도에서 37도로 거의 일정하다. 그러나 온도 적응능력은 체질에 따라 다르다. 선천적으로 열이 많은 사람은 남들보다 추위를 잘 견디고, 차가운 체질을 가진 사람은 더위를 잘 견딘다. 그렇다고 두 사람의 체온이 다른 것은 아니다. 차이가 나도 거의 0.5도 이내에 머문다.

그렇지만 추위와 더위를 참아내는 능력은 아주 많은 차이가 있다.

열 많은 사람과 열 없는 사람이 만나면 온도를 맞추기가 결코 쉽지 않다. 그리고 서로 다른 온도 때문에 의견 차이가 생기고 다툼을 일으킬 수도 있다. 한 사람은 창문을 열고 선풍기를 켜자고 하고 다른 사람은 덥지도 않은데 무슨 선풍기를 켜느냐고 하여 갈등이 생긴다. 찬 음식을 좋아해서 냉면집을 가고 싶은 사람과 더운 음식을 좋아해서 탕을 먹고 싶은 사람이 만나도 역시 갈등이 일어난다.

온도에 대한 아주 작은 감각의 차이로도 사람들은 많은 갈등과 오해를 경험하게 된다. 가장 적당한 온도는 상대방이 거부감을 느끼지 않는 온도이다. 체질과 온도에 대한 서로 다른 감각을 가졌을지라도 사람이 생활하는 공간 속에서 접하는 온도는 대부분 이겨낼 만한 온도이다. 그러므로 두 사람 이상 모이면 자기의 온도를 포기하고 상대의 온도에 맞춰주는 것이 사랑의 온도를 가진 사람이다.

내가 좋아하는 온도만 고집하면 사람들은 한두 번은 참겠지만 결국 자기가 좋아하는 온도를 찾아 가버릴 것이다. 즉, 사람들이 내 주위를 떠나가는 이유는 나의 정서적 온도와 물리적 온도가 다른 사람들의 온도와 맞지 않기 때문이다.

다양한 사람들과 어울리기 위해서는 다양한 온도에 적응하는 능력을 길러야 한다. 사람들은 본능적으로 차가운 것과 뜨거운 것을 만지지 않고 가까이하지 않는 것처럼 냉정하고 차가운 사람이나 쉽게 화를 내는 뜨거운 사람을 피하게 마련이다.

사람들과 함께하기 위해서는 사람들이 좋아하는 온도를 가지고 있어야 한다. 아무도 없을 때는 내가 원하는 온도로 살아가도 상관없다. 그러나 다양한 사람들과 조화를 이루어서 함께 어울려야 할 때는 자신의 온도를 사람들이 원하는 온도로 맞출 수 있어야 한다.

가장
아름다운 길

새로운 공원을 설계하는 조경기능사가 고민에 빠졌다. 공원 한가운데 있는 잔디밭에 길을 내야 하는데 어느 방향으로 내야 좋을지를 결정할 수가 없었다. 여러 가지 의견을 수렴하고 현장의 조건을 살펴보았지만 답을 얻지 못했다. 소나무 사이로 난 것 같은 가장 자연스러운 길을 만들고 싶은 그에게 지금까지의 지식은 별 도움이 되지 않았다.

좋은 방법이 떠오르지 않자 그는 머리를 식히기 위해 일을 멈추고 친구들과 함께 과수원 구경을 갔다. 과수원 가는 길에 사람들이 모여서 입장을 기다리고 있는 딸기밭을 발견하였다. 주위에 많은 딸기밭이 있었지만 그곳에만 사람들이 모여 있는 것이 궁금해서 그는 차를 세우고 일행과 함께 사람들이 서 있는 곳으로 다가갔다.

그 밭의 주인은 할머니였는데, 딸기를 딸 힘도 없고 일꾼을 고용할 형편도 되지 않아서 누구든 만 원만 내고 딸기를 자신이 원하는 만큼 마음대로 따가라고 했다는 것이다. 그곳의 딸기는 다른 곳보다 더 크지도 맛

있지도 않았지만 사람들은 자기 마음대로 딸 수 있다는 말에 다른 밭으로 가지 않고 그곳에 모였다고 하였다.

그곳에 모인 사람들을 따라 딸기밭 여기저기를 마음대로 누비며 하루를 지내고 돌아온 조경기능사는 공원의 잔디밭에 길을 만들지 않았다. 길 없이 공원을 개장한 후 그는 사람들의 발자국이 가장 많이 난 곳을 따라 길을 만들었다. 그렇게 해서 가장 아름답고 자연스러운 길, 사람들이 가고 싶은 방향과 일치하는 길이 만들어졌다.

가장 좋은 물건은 그 물건을 사용하는 사람의 마음에 드는 물건이다. 가장 좋은 집은 설계자의 마음에 드는 집이 아니라 그 집에 사는 사람의 마음에 드는 집이다. 아름다운 그림은 화가 한 사람의 생각이 담긴 그림이 아니라 보는 사람들의 마음까지도 담을 수 있는 그림이다. 가장 좋은 선물은 주는 사람이 아니라 받는 사람의 마음에 드는 것이어야 한다. 가장 아름다운 길은 사람들이 가고 싶어 하는 곳으로 나 있는 길이다.

정말 박수가 필요할 때

사실 잘한 사람에게와 잘한 때에는 박수가 필요 없다. 박수가 없어도 잘했다는 것으로 충분히 만족하고 기뻐할 수 있기 때문이다. 정말 박수가 필요한 때는 잘못하고 실수했을 때이다. 자신의 실수를 괴로워하고 있는 사람에게 점수를 줄 수는 없지만 박수는 줄 수 있고, 박수는 불공정한 상황을 만들어내지도 않기 때문이다.

그런데 우리는 잘한 사람에게는 천둥소리 같은 박수를 보내는 반면 실수한 사람에게는 무표정과 냉정함으로 반응한다. 모든 사람이 칭찬할 때는 칭찬이 필요한 때가 아니다. 도리어 아무도 칭찬하지 않을 때가 칭찬을 통한 격려가 필요한 때이다.

왜 우리는 실수한 사람과 위로받아야 할 사람을 칭찬하지 못하는 것일까? 사랑이 부족하기 때문이다. 사랑의 크기가 이성의 크기보다 작고, 남의 실수와 허물을 바라보는 눈이 사람의 존재 가치를 바라보는 눈보다 크기 때문이다.

사랑의
분위기

누군가를 혼내고 싶은 것과 사람을 향해 분노가 치밀어오르는 것, 따끔한 맛을 보여주고 싶은 것은 사랑이 없기 때문이다. 억울한 일을 당하면 화가 나서 잠이 오지 않을 수도 있고, 복수하고 싶다는 생각이 연속적으로 떠올라서 다른 생각을 할 수 없을 때도 있다. 그때 한 가지 분명히 인식하고 있어야 하는 것은 그 괴로움의 크기만큼 사랑은 작다는 사실이다. 어려운 일이기는 하지만 괴로움을 주는 대상이 사랑할 수밖에 없는 사람이라면 괴로움은 안타까움이 될 것이고, 분노는 동정과 연민의 눈물로 바뀔 것이다.

험악한 분위기는 사랑이 없기 때문에 만들어지는 것이고, 말 없는 분위기와 불편한 분위기, 불안하고 눈치 보는 분위기, 어색한 분위기도 사랑이 없기에 조성된다.

사랑의 분위기는 편하고, 어떤 실수도 이해하고, 언제나 따뜻함이 바닥에 깔려 있는 분위기이다. 비가 오고 눈이 와도, 차가 막히고, 음식이 맛이 없고 쓰고 매워도, 사랑이 있으면 온화하고 여유롭다. 사랑은 쓴맛을 쌉쌀하게 하고, 매운 것을 매콤하게 만든다.

사랑은 부드럽다

사랑은 폭풍이 불어도 기울어지지 않고 똑바로 서 있는 소나무보다는 산들바람에도 쉬지 않고 흔들리는 갈대와 비슷하다. 갈대는 바람이 불면 바람 부는 대로, 흔들면 흔드는 대로 떠밀리면서도 생명이 다하는 날까지 자기 자리를 지켜낸다. 그러나 소나무는 조금도 기울어지지 않고 있다가 한순간에 부러지고 만다. 사랑은 세상의 바람에 따라 이리저리 흔들리지만 결국 자신의 자리를 지키고 서 있는 갈대를 닮았다.

딱딱한 것은 부러지고, 깨지고, 다치게 하고, 상처를 입기도 한다. 다이아몬드는 아름다운 빛을 가지고 있지만 그 단단한 성질 때문에 자신만큼 단단하지 못한 것과 부딪혀서 깨지기도 하고, 다른 것들에게 상처를 주기도 한다. 단단한 것은 그 단단한 만큼 상처 주고 상처를 받는다. 상처가 많은 것은 부드럽지 않기 때문이다.

사랑은 솜처럼 부드러워서 아무 것도 찌르지 않고 상처를 주지도 받지도 않는다. 견고한 것들이 부딪히면 깨지든지, 부러지든지, 상처를 입는다. 부드러워야 다치지 않는다. 상처를 주는 모든 것은 날카롭고 단단하고 거칠고 조급하다. 부드러워야 다치지 않는다. 밀면 밀려나고, 누르면 눌리고, 당기면 끌려가고, 늘이면 늘어나야 한다. 누구를 만나든 편하게, 어떤 일을 하든 즐겁게, 언제라도 넉넉한 마음을 먹으면 상처로 인한 고통은 받지 않을 것이다.

사람은 작아도 되나 마음이 작으면 안 된다. 큰 것을 작게 압축하면 단단하고 날카로워지듯 마음도 옹졸해지면 볼품없어지고 초라해지며, 부딪혀서 깨지고 상처 입게 된다. 사랑은 부드럽다. 사랑을 담으면 마음도 부드러워진다.

부드럽지 않으면 집으로 돌아갈 수 없다

"뭘 봐?"

"남이야 뭘 보든 왜 참견이야!"

귀가 중이던 두 사람의 싸움이 시작되었다. 그들은 원인도 타당성도 없는 감정싸움에 휘말려 결국 경찰서까지 가게 되었다.

"뭘 봐?"라는 물음에 "미안합니다!"라고 대답했다면 두 사람은 무사히 각자의 집으로 갈 수 있었을 것이다. 그러나 거칠게 소리치는 말에 거칠게 대답함으로써 두 사람의 귀가 길은 엉뚱한 방향으로 틀어지고 말았다.

일상생활 속에서는 주관도 철학도 없이 사는 것이 좋다. 정말 신중한 결정을 내려야 할 중차대한 일 앞에서는 신중하고 또 신중해야 한다. 그러나 이래도 되고 저래도 되는 보통의 상황에서는 부드러운 것이 가장 좋은 인생 처세법이다.

수학 시간에는 계산하는 것을 싫어하고 머리를 쓰지 않는 사람들이 놀러 갈 때와 일상생활 가운데서는 얼마나 열심히 계산들을 하는가. 많은 사람들이 계산해야 할 때는 안 하고 계산할 필요가 없는 것들에 대해서는 너무 많이 계산하며 살고 있다.

부드럽지 못하면 자신이 계획했던 곳으로 가지 못할 수도 있다. 아침에 출근했다가 저녁에 집으로 돌아가는 것은 지극히 당연한 일이지만 그 당연한 일이 이루어지지 않을 수도 있다. 눈빛과 말과 태도가 부드럽지 않으면 저녁에 집으로 돌아가지 못할 수도 있다.

무너진 집 안에서
웃다

중동의 한 마을에 폭탄이 떨어져 아파트가 붕괴되었다. 다행히 대부분의 사람들이 일하러 나간 후였고, 아이들은 학교에 있는 시간이어서 인명 피해는 없었다. 소방대와 경찰이 출동하여 현장 조사를 진행하였고 구조대가 혹시 있을지도 모를 사상자를 찾기 시작하였다.

무너진 아파트 잔해를 치우고 있던 구조대원들의 귀에 어디선가 웃음소리가 들려왔다. 소리가 들리는 쪽의 건물 잔해를 치우기 시작하자 웃음소리가 점점 더 크게 들렸다. 기둥과 계단 사이에 있는 커다란 돌덩이를 치우자 할아버지 한 분이 화장실 변기 옆에 주저앉아 웃고 있었다.

갑자기 당한 일로 놀라서 일시적인 정신착란이 생겼나 싶어 구조대원들은 조심해서 할아버지를 안전한 곳으로 데리고 나왔다. 자신을 구조하러 온 사람들을 보면서도 할아버지의 웃음은 그치지 않았다. 뭔가 할 말이 있는 사람처럼 연신 손을 내저었다. 구조대원 한 사람이 왜 그렇게 웃는지 물었다.

"글쎄 말이야! 내가 볼일을 다 마치고 물 내리는 줄을 잡아당겼거든. 그런데 건물이 와르르 무너지는 거야! 나는 줄을 잡아당기기만 했다고, 그런데 집이 무너졌어! 나는 잘못 없어! 줄 좀 잡아당겼다고 집이 무너지다니! 도대체 집을 어떻게 지은 거야?"

돌발적인 상황에서도 웃는 비결

모든 가족이 나간 빈집을 혼자 지키던 할아버지는 우연히도 폭탄이 떨어지는 순간에 화장실 변기 줄을 당겼다. 그러고는 자신이 당긴 줄로 인해 아파트 전체가 무너진 것으로 생각하였다. 그래서 너무 기가 막힌 상황이라는 생각으로 인해 아무 것도 원망하지 않고 그저 웃음을 멈추지 못하고 있었던 것이다.

큰 문제가 발생해도 문제의 원인이 자신에게 있고, 스스로 책임져야 한다는 생각을 하면 남을 원망하거나 세상을 불평하지 않을 수 있다. 돌발적인 상황에서 사람들이 화를 내고 불평하는 이유는 그 상황의 원인이 내가 아닌 다른 사람이라고 생각하기 때문이다.

우연히 나무 아래를 지나다가 눈앞으로 커다란 낙엽이 떨어져서 깜짝 놀라는 것처럼 현재의 상황이 나와는 아무런 상관이 없을 수 있다. 그러나 일단 내 앞에서 전개되는 모든 상황은 나와 연관이 있을 수밖에 없다. 이후의 반응은 나 자신의 태도에 달려 있다. 웃음으로 반응하든 분노로 반응하든 그후의 결과는 내가 스스로 만들어낸 태도에 의해 결정된다.

집이 무너졌어도 나 때문이라고 생각하면 슬프고 가슴 아프겠지만 남을 원망하며 억울함과 분노로 속병을 앓지는 않는다. 반면에 "누가 이랬어? 어떤 놈 짓이야?" 하고 남에게서 원인을 찾기 시작하면 오랫동안 솟아오르는 분노의 감정을 다스리지 못해 괴로운 삶을 살게 되고, 그나마 남은 인생을 방황하며 보내게 된다.

비록 착각일지라도 모든 상황이 나로 인해 시작되었다고 생각하면 억울하지 않을 수 있고, 속상하지 않을 수 있다. 남 때문에 내가 어려운 일을 당했다고 생각하면 작고 사소한 일에도 화를 내고 모든 일과 대상을 향해 경직된 태도를 갖게 된다. 돌발적인 상황에서도 웃을 수 있는 비결은 그 책임을 남에게 떠넘기지 않는 것이다.

사랑은 온유하며

따뜻하거나 부드럽지 않은 것은 사랑이 아니다.
추운 곳에 살아도 차가운 마음을 가져서는 안 되고,
거칠고 험악한 세상에서 살아도 화난 눈빛으로는 살지 마라.
자신의 눈빛으로 희생되는 것은 세상이 아니라 자기 자신이다.
세상을 노려볼 수는 있어도 사람은 노려보지 마라.
세상은 사랑하지 않아도 살 수 있지만,
사람을 사랑하지 않으면 살 수 없다.

따듯한 눈이 아니면 뜨지 않는 것이 낫고,
부드러운 말이 아니면 하지 않는 것이 낫고,
온화한 얼굴이 아니면 마주하지 않는 것이 낫고,
기분 좋은 발걸음이 아니면 동행하지 않는 것이 낫다.
사랑은 언제나 따듯하고부드럽다.
사랑하면 모든 것이 부드럽다.

한 번뿐인 인생을 사랑으로 살고 싶다면
항상 따듯하고 부드러운 것을 생각하라.
상처가 많은 것은 부드럽지 않기 때문이고
마음이 깨지고 부러지는 것은 딱딱하기 때문이다.

부드러운 것은 부딪쳐도 깨지지 않고 아프지도 않다.

세상의 절반은 딱딱하기에
딱딱한 마음은 두 번 중 한 번은 상처를 입는다.
불안하고, 눈치 보고, 어색한 분위기는 나에게 사랑이 없기 때문이
다.
일상 속에서는 주관도 철학도 없이 살아라.
그저 바람이 부는 대로, 남들이 가는 대로 가라
가다 보면 사랑이 있는 곳에 이를 것이다.

6chapter ♥ 협력과 조화로 채움

'사공이 많으면 배가 산으로 간다' 는 말은

'사공이 많으면 배를 산으로 가져갈 수 있다' 라고

해석할 수도 있습니다.

한 사람의 사공은 배를 물 위에서 가게 하지만

여러 사람이 마음을 모으면

배를 가지고 산을 넘을 수도 있습니다.

협력하면 혼자서는 상상할 수도 없는 일들이 이루어집니다.

땅을 달리는 배와 하늘을 나는 배도 만들 수 있습니다.

협력과 조화만이 일을 완성할 수 있습니다.

한 사람으로는 초가집이나 개집 정도를 지을 수 있을 뿐입니다.

투기의 화신
게

게를 담는 바구니에는 뚜껑이 필요 없다. 뚜껑이 없으면 새는 날아가고 개구리는 튀어나가고, 심지어 기어다니는 것들까지 모두 나가버린다. 그러나 여러 마리가 함께 있으면 게는 한 마리도 밖으로 나가지 못한다.

한 마리가 바구니를 타고 기어오르면 뒤에 있는 다른 녀석이 올라가는 게를 집게발로 잡아 끌어내린다. 올라가다 떨어진 놈을 누르고 다른 게가 올라가기 시작하면 떨어진 게와 주위의 다른 게들이 올라가는 게를 잡아서 끌어내린다. 그렇게 서로 올라가지 못하게 끌어내리기 때문에 게는 한 마리도 바구니 밖으로 도망치지 못한다.

게는 바구니를 타고 오를 천부적인 조건을 갖추었다. 톱니로 된 집게발과 어떤 상황에서도 중심을 잡을 수 있는 넓적한 몸과 여러 개의 울퉁불퉁한 발까지 그 구조가 그야말로 완벽하다.

그럼에도 게가 자신을 가둔 바구니를 벗어나지 못하는 이유는 다른 게를 끌어내리기 때문이다. 바구니를 기어오르는 게를 잡아당기지 않고 먼저 가게 하고 그 다음에 자신도 기어오르면 간단히 바구니를 탈출해서 자유를 얻을 수 있다. 그러나 게는 먼저 가는 놈을 가지 못하도록 끌어내리는 행동을 통해 스스로를 바구니 안에 가두고 있는 것이다.

하루 세끼를 먹어도
행복하지 않은 이유

많은 사람들이 행복하지 못한 이유는 자신보다 더 행복한 사람들에게 눈을 고정하고 있기 때문이다. 현대인들은 예전과는 비교할 수 없을 만큼 행복한 조건들을 가졌다.

도시에서는 밥을 먹지 못해 죽어가는 사람들은 없다. 스스로 밥을 해 먹을 수 없는 노인들을 위해 각 지역의 복지관에서 밥을 지어 나누어주기도 하고, 거동이 불편한 사람에게는 방까지 배달도 해준다. 개인과 사회단체들이 봉사활동의 일환으로 거리에서 밥을 나누어주기도 한다. 마음만 먹으면 밥을 먹는 것은 불가능한 일은 아니다.

예전에는 하루에 밥 세끼를 먹을 수 있다면 아무 것도 염려할 것이 없다고 하였다. 그런데 현대인들은 넉넉하게 밥을 먹으면서도 예전 사람들보다 더 많이 걱정하고, 더 불행한 표정으로 인생을 살아간다.

그 이유는 다른 사람들이 먹는 것을 부러워하기 때문이다. 아무 거나 먹고 배부르면 되는데 나보다 비싼 것, 좋은 것을 먹는 사람들을 바라보며 그들의 잘먹는 것과 성공을 배 아파하기 때문이다.

혼자 있을 때는 부러울 것 없이 행복한데 함께 있으면 질투가 생겨서 불행하다. 혼자 있으면 심심해서 친구를 만나는데 친구를 만나면 외로운 것은 잊히지만 그 친구가 나보다 좋은 것을 가지고 있어서 속이 상한다.

혼자 있을 때는 평화롭던 마음이 사람을 만나면 소란해지는 것은 마음에 시기와 질투가 있기 때문이다.

잘하는 사람을 칭찬하는 대신 헐뜯고, 못하는 사람을 위로하지 않고 비웃는 것은 바구니를 기어오르는 게를 끌어내리는 것과 다를 바 없다. 다른 게가 바구니를 넘어가지 못하면 자신도 넘어갈 수 없듯이, 다른 사람을 성공하지 못하도록 끌어내리는 것은 결국 나 자신도 성공할 수 없는 상황을 만들어내는 것이다.

물고 늘어지는 사람이 많은 곳은 성장도, 발전도 없다. 남이 잘되는 것을 곱게 봐주지 않으면 내가 성공하는 것도 곱게 보이지 않을 것이다. 남이 안 되면 나도 안 된다. 남을 끌어내리는 것은 나를 끌어내리는 것이다.

밥 세끼를 먹을 수 있으면 충분히 행복할 수 있는데도 사람들은 더 잘먹는 사람들만 바라보며 자신을 불행으로 끌어내리고 있다.

발목 잡기의
달인

해병대 최후의 작전은 물귀신 작전이다. 작전을 성공시키기 위해 모든 방법을 다 사용하고도 성공할 기미가 보이지 않으면 작전을 펼치던 대원들은 적군을 하나씩 끌어안고 물속으로 뛰어들어 함께 죽는다. 죽어도 혼자 죽지 않고 적군과 함께 죽는 것이 물귀신 작전이다. 그렇게 해서 다음 번에 작전을 펼칠 대원들이 성공할 수 있는 길을 터주는 것이다.

군대에서는 물귀신 작전으로 자신을 희생한 병사들에게 훈장을 수여한다. 그러나 이런 물귀신 작전은 일반적으로 미리 계획해서 수행하지는 않는다. 모든 작전은 임무를 마친 병사들이 살아서 돌아오는 것까지 세우게 되어 있다.

물귀신 작전이 가장 흔하게 수행되는 곳은 전쟁터가 아니다. 우리들의 일상생활 속에서 날마다 해병대 작전이 수행되고 있다. 잘하는 사람, 실수한 사람의 발목을 잡고 늘어지는 것이 바로 그것이다.

발목을 잡는다는 것은 땅바닥에 쓰러져서 죽어가는 사람이 살려고 도망치는 사람의 발목을 잡고 놓아주지 않아서 결국 두 사람이 함께 죽는 것을 의미한다. 또한 남의 발목을 잡는다는 것은 가장 약한 부분을 잡고 집요하게 공격해서 마침내 강한 부분까지 약하게 만들어버리는 것이다.

언론과 인터넷의 기사나 댓글을 보면 한국에는 발목 잡기의 달인들이 아주 많은 듯하다. 그들은 작고 사소한 문제를 물고 늘어져서 결국 사람을 망하게 하고, 기업과 특정 인물에게 막대한 피해를 준다. 그리고 얼마 후에 그 모든 일이 헛소문이거나, 사실이 아니었다거나, 기자의 실수였다는 것이 밝혀진다.

그런 사람들은 집요함으로 남의 발목을 잡아서 죽을 지경에 빠뜨려놓고도 최후의 순간에는 교묘한 핑계로 자신은 모든 책임을 피해간다. 그런 모습을 보면 그들은 남의 발목을 잡고 같이 죽어가는 것이 아니라 잡힌 사람만 죽게 하는 한 차원 진보된 발목 잡기의 달인들이다.

타락한 인간의 악한 본성 중 하나가 남의 발목을 잡고 늘어지는 것이다. 남이 잘하는 것을 제대로 봐주지 않고, 남의 약한 부분을 불쌍히 여기지도 않는다. 모든 사람이 자신보다 못하기를 바라고, 자기보다 성공한 사람은 망하기를 바란다.

그러한 성질은 누구에게나 있다. 어린 아이들은 그런 질투심을 숨기지 못하고 드러내는 반면 어른들은 가슴속에 감추고 살아간다. 내적으로 성숙한 사람이 된다는 것은 바로 이러한 투기나 질투심을 조절하는 능력을 기르는 일이다. 투기를 조절하지 않으면 인간은 결국 남의 발목을 잡은 손으로 자신의 발목까지 잡아서 스스로를 바닥으로 내팽개치게 된다.

톨스토이와 간디의 아내

소피아 톨스토이는 역사에 남을 만한 악처로 유명하다. 그런데 그녀가 악처가 아니었다면 톨스토이와 그의 작품들은 세상에 나오지 못했을 수도 있다는 말도 있다. 결혼 전 아마추어 작가로 활동했던 소피아는 악필인 남편의 작품들을 정서하는 역할을 했고, 열세 명의 자녀를 출산하여 아홉 명의 자녀를 직접 양육했다.

그런 와중에 가정사는 모두 소피아의 몫이었다. 톨스토이가 노년에, 사유재산을 가져서는 안 된다는 공산주의 사상으로 인해 가족들과 상의 없이 재산을 처분하려고 하자 그녀는 남편의 서재를 뒤지게 되었다. 그 모습을 본 톨스토이는 홧김에 가출하여 기차역에서 폐렴으로 사망하였다.

결론만 보면 아내 소피아로 인해 톨스토이가 불행한 삶을 살았다고 말할 수 있다. 그러나 뒤늦게 발견된 그녀의 일기장을 통해 톨스토이가 자신의 작품과 이상에 매달려 가정을 돌보지 못한 사람이었음이 드러났다. 즉, 톨스토이는 남편으로서는 자신의 역할을 다하지 못한 못난 사람이었던 것이다. 그는 인생과 세상에 대해서는 뛰어난 통찰력을 가졌으나 자신에게 가장 큰 도움을 주는 아내의 심정은 조금도 이해하지 못했다.

그러한 형편없는 남편으로서의 생활이 결혼한 직후부터 시작되었음은 그녀의 일기를 통해 알려졌다. 소피아 톨스토이는 결혼 1년 후에 이렇게 쓰고 있다.

"톨스토이는 지나치게 딴 일에 몰두하고 있다. 오늘 따라 나의 젊음이 복받쳐 발꿈치로 빙글빙글 돌며 춤을 추고 싶다. 그런데 그이는 펜이라는 도구로 원고라는 딴 여자와 춤을 추고 있다. 나는 그 여자에게 앙탈을 부렸다. 그의 원고를 발기발기 찢어버렸다."

세계적인 인물들도 가정생활 속에서는 보통 사람들과 많이 다르지는 않은 것 같다.

인도의 정신적 영웅 마하트마 간디의 아내가 질투가 심했다는 것이 최근 발견된 간디의 개인적인 편지에 의해 알려졌다. 런던에서 경매된 서한에서 간디는 자신의 아내에 대해 "이제까지 만난 여자 중에 가장 독살스런 여자이며 나의 생을 지옥으로 만들고 있다"라고 말하고 있다.

어떤 원인에 의해서든 질투가 시작되면 그 질투는 연약한 여인들을 지독한 악녀가 되게 한다. 여인들이 욕먹고, 싸우고, 다투는 대부분의 이유는 질투 때문이다. 남자는 자존심에 죽거나 살고, 여자는 질투로 죽거나 산다. 남자가 자존심에 목숨 걸지 않고, 여자가 질투에 목숨 걸지 않으면 남녀가 어울려 사는 환경은 훨씬 좋아질 것이다.

도배와 컴퓨터의 공통용어

경영혁신 세미나에서 돌아온 사장이 업무 환경을 바꾸기 위해 사무실을 새롭게 단장하고 도배장이에게 마무리 작업을 의뢰하였다. 도배만 끝나면 직원들은 각자의 책상과 소지품을 정리할 수 있을 것이기에 도배가 끝나기를 기다리며 사무실을 들락거렸다.

사무실 도배는 의외로 시간이 많이 소비되었다. 일의 속도는 나지 않고, 도배 환경은 최악이고, 사람들은 번갈아 드나들며 빨리 끝내라는 무언의 압력을 주고 있었다. 도배장이는 끓어오르는 화를 참지 못하고 도배지에 풀칠을 하며 중얼거렸다.

"우리질 책장들 같으니라고! 에라이! 썩을 것들. 이런, 빌어먹을. 재수 옴 붙었네! 풀이나 먹고 나가 떨어져라!"

한참 동안 화를 토해내던 도배장이는 누군가 자신의 소리를 듣고 있다는 생각이 들어 뒤로 돌아섰다. 젊은 여직원이 문가에 기대서서 자신을 바라보고 있었다. 그는 자신이 하는 말을 다 들었을 것이라는 생각에 무안하고 쑥스러운 마음으로 고개를 돌리며 핑계를 댔다.

"아! 미안합니다. 내 말은 거의 도배 전문 용어라서 좀 거칠어요!"

그러자 여직원은 충분히 이해한다는 표정으로 대답하였다.

"괜찮아요! 컴퓨터 용어도 거의 똑같아요. 나도 일할 땐 거의 비슷한 전문용어를 사용하거든요! 조금도 미안해하실 것 없어요!"

동병상련으로 질투를 이긴다

같은 문제를 가지고 있는 사람을 만나면 질투하는 대신 동정할 수 있게 된다. 내가 가진 문제나 아픔을 하나도 갖지 않은 사람이라는 생각이 들면 질투가 생기지만, 내가 당하고 있는 아픔을 동일하게 가지고 있는 사람이라는 동병상련의 마음이 느껴지면 이해하는 마음이 된다.

모든 인생은 거의 비슷한 문제와 아픔을 가지고 있다. 가난해도 부요해도 고민과 갈등의 차이는 별로 없다. 초등학생의 인생 고민이나 대학생의 인생 고민이 수준 차이는 있을지라도 각자가 느끼는 부담감이나 절박함에는 거의 차이가 없다.

사장도 고민하고 직원도 고민한다. 학생도 고민하고 교사도 고민한다. 대통령도 죽을 만큼 괴로운데 이 땅에 사는 어떤 사람이 괴롭지 않은 인생을 살 수 있겠는가? 누가 대통령보다 태평하게 살 수 있겠는가?

학생은 교수가 부럽지만 교수는 학생이 부럽다. 거리를 지나가는 많은 사람들이 행복한 척, 잘난 척, 다 아는 듯한 표정으로 활보하지만 그 내면에는 자신의 부족함과 못난 것, 알지 못하는 것이 탄로날 것을 두려워하는 마음이 있다.

인생은 부러울 것도 시기할 것도 없다. 누구에게나 끝없는 문제가 있기 때문이다. 내가 만나는 모든 사람은 나와 다를 바 없는 굴곡 많은 인생을 살고 있는 중이고, 자기 힘으로 어쩔 수 없는 문제를 안고 발버둥치고 있는 중이다. 지금 내가 겪고 있는 갈등을 상대방도 겪고 있다는 것을 알면 투기하거나 질투하는 대신 측은한 마음을 가질 수 있다. 남을 부러워하고 질투하는 것은 내가 그의 실상을 보지 못하고 나 스스로 만들어낸 허상에 매달려 있기 때문이다.

노래하는
진짜 이유

평소에 시부모님의 사이가 좋지 않다는 것을 눈치 챈 며느리가 시어머니와 이야기를 나누다가 시아버지와는 사이가 어떠냐고 물어보았다. 시어머니는 사소한 문제들이 있기는 하지만 크게 문제는 없다고 하였다. 작게라도 문제가 있다는 말에 며느리는 속상한 일이 있을 때 어떻게 마음을 푸는지를 물었다.

"속상할 일이 자주 있지는 않지만 그때마다 나는 노래를 부른단다. 노래를 부르면 속상한 일을 쉽게 잊을 수 있거든! 너도 혹시 속상한 일이 생기거든 노래를 부르거라! 그러면 한결 기분이 좋아지지!"

며느리는 거실에서 신문을 보고 있는 시아버지에게 다가가 물었다.

"아버님! 어머니랑은 요즘 잘 지내고 계시죠?"

"그럼! 요즘은 아무 문제 없단다. 최근 들어 저 사람이 얼마나 명랑해졌는지 몰라! 툭하면 노래를 불러요! 시도 때도 없이 얼마나 즐겁게 노래를 부르는지 내가 지금까지 살면서 요즘처럼 기분 좋은 때는 없던 것 같구나!"

시어머니는 괴로워서 노래를 부르고 있었는데 시아버지는 즐거워서 노래하는 줄 알고 있었다. 노래 부르는 사람이 다 즐거운 것은 아니다. 남이 노래 부르는 것을 보는 사람은 행복해서 노래하는 줄 알지만 정작 본인은 불행을 이기기 위해서 억지로 노래하고 있는 것일 수 있다.

노래하는 사람이 다 화려한 인생을 살고 있지는 않다. 화려한 무대에서 사람들의 갈채를 받으며 노래를 부르고는 있지만 그 노래 뒤에는 말할 수 없는 슬픔과 괴로움이 숨겨져 있을 수 있다.

유명 화가들의 그림 뒤에는 커다란 고통이 숨겨져 있을 수 있고, 큰 성공 뒤에 부끄러움이 가려져 있을 수도 있다. 다만 고통이나 좌절이 보이지 않기 때문에 사람들은 겉으로 드러난 그림과 성공을 부러워하거나 질투하게 된다.

너무 큰 성공으로 인해 따뜻하고 화목한 가정생활을 할 수 없는 사람도 있고, 지나친 인기를 감당하지 못해 스스로 함정에 빠지는 사람도 있다. 실제로 시기하고 질투해야 할 대상이란 없다. 모든 화려함과 대단함 뒤에는 보여줄 수 없고, 보이고 싶지 않은 면들이 숨겨져 있기 때문이다. 행복해서 노래하는 사람보다는 행복하고 싶어서 노래하는 사람들이 훨씬 더 많다.

바다거북의 협동

바다거북은 모래사장으로 올라와 알을 낳고 다시 바다로 돌아간다. 한 번 알을 낳을 때 500개에서 1,000개를 낳는다. 바닷물에 쓸려가지 않을 정도의 거리에 햇빛이 드는 곳을 골라 50센티미터 깊이의 웅덩이를 파고 그 안에 알을 낳고 모래로 덮는다. 그러면 따뜻한 햇볕을 받은 알들은 부화해서 바다로 기어가 새 생명을 시작한다.

알을 파먹는 들짐승, 바다로 기어가는 도중에 공격해오는 갈매기, 어리고 부드러운 피부를 바싹 마르게 하는 뜨거운 태양, 모래에 파인 웅덩이 등, 바다거북의 새끼들이 바닷물이 있는 곳까지 성공적으로 기어가기 위해서는 넘어야 할 고비가 많다.

모래밭에 파묻힌 알을 파먹는 짐승들의 공격을 피해 무사히 부화된 어린 거북이 처음으로 넘어야 할 고비는 50센티미터나 되는 깊은 웅덩이에서 백사장으로 올라오는 일이다. 짐승들로부터 자신의 알을 지키기 위해 어미 거북은 깊은 웅덩이를 파고 그 속에 알을 파묻지만 그런 어미의 정성이 어린 거북들에게는 넘어야 할 첫 고비가 된다.

어린 거북들이 웅덩이에서 어떻게 빠져나오는지를 연구한 학자들에 의해, 어린 거북들이 태어나면서부터 협동한다는 것이 밝혀졌다.

가장 위에서 부화한 거북은 천정을 뚫기 위해 자신을 덮고 있는 모래를 아래로 떨어뜨리고 가장자리에 있는 거북은 벽을 허물어서 공간을 확보한다. 그리고 아래쪽에서 부화한 거북들은 떨어지는 모래를 밟아서 다진다. 이렇게 해서 웅덩이의 바닥은 점점 높아지고 마침내 모든 거북이 기어오를 수 있는 정도까지 높아지면 새끼 거북들은 하나씩 백사장으로 기어올라 바다로 달려가기 시작한다.

새끼 거북들의 협동이 생존에 어느 정도 도움을 주는지를 연구하기 위해 연구원들은 웅덩이에 있는 알을 꺼내 한 개, 두 개, 세 개, 네 개씩을 따로 묻었다. 그 결과 한 개씩 묻혀 있던 알에서 부화한 거북이 땅 위로 올라올 확률은 27%, 두 개짜리는 84%, 네 개 이상은 100%의 성공률을 보였다. 즉, 알에서 부화한 새끼 거북은 네 마리 이상이 협력해야 모두 살 수 있다는 결론이었다.

협력만이
살길이다

투기는 조화를 깨고 살길을 가로막는 위험한 요소이다. 투기는 모든 관계를 단절시키고 모든 영혼을 외롭게 하고 서로 돌보지 않아서 모두를 힘들게 한다. 투기는 행복을 불행으로 몰고 간다. 투기의 끝은 결코 아름답지 않다. 투기가 사람에게 가져다주는 것은 증오와 탄식이다. 그런데 왜 우리는 남을 투기하는가?

투기의 반대는 협력과 조화이다. 살기 위해서는 협력해야 한다. 혼자서는 살 수 없다. 홀로 싸우는 사람은 뒤를 막을 수 없기에 살아남을 확률이 절반으로 줄어든다. 남을 돕지 않는 것이 나와는 아무 상관없는 일이라고 생각할 수 있지만 사실은 나와 밀접한 연관이 있다.

'사공이 많으면 배가 산으로 간다'는 말은 '사공이 많으면 배를 산으로 가져갈 수 있다'라고 해석할 수도 있다. 한 사람의 사공은 배를 물 위에서 가게 하지만 여러 사람이 마음을 모으면 배를 가지고 산을 넘을 수도 있다. 협력하면 혼자서는 상상할 수도 없는 일들이 이루어진다. 땅을 달리는 배와 하늘을 나는 배도 만들 수 있다.

설계사, 목수, 철근공, 도비공, 현장 감독, 미장이, 조적공, 레미콘 기사…… 이 모든 사람의 협력이 아니면 결코 건물은 지어지지 않는다. 협력과 조화만이 일을 완성할 수 있다. 한 사람으로는 초가집이나 개집 정도를 지을 수 있을 뿐이다.

협력하지 않고 조화를 이룰 수 없는 사람이 세상에서 할 수 있는 일은 별로 없다. 삶의 환경이 삭막하고 쓸쓸한 이유는 서로 질투하기 때문이다. 함께 즐거워하고 같이 좋아해줄 사람이 없어서이다. 함께하는 것은 큰 희생으로만 되는 것은 아니다. 작고 사소한 희생으로 이루어진다. 조금만 신경 써주고 밀어주고 당겨주면 함께 즐거울 수 있다.

우는 것과 웃는 것

같이 울기는 쉬워도 같이 웃기는 어렵다. 우는 것은 남의 슬픔에 동참하는 것이기에 남의 슬픔은 기꺼이 참여한다. 하지만 함께 웃는 것은 남의 성공과 즐거움에 동참하는 것이기에 어쩔 수 없이 함께하는 경우가 대부분이다. 불쌍한 것을 보면 동정하기는 쉬워도 잘사는 것에는 은근히 배가 아프고 마음이 상한다. 사람의 마음에 너나 할 것 없이 투기가 가득하기 때문이다.

　자기 안에 있는 투기를 다스리고 조절하지 않으면 무심결에 튀어나온다. 보이는 대로 느끼는 대로 말하는 사람은 순간적으로 튀어나오는 질투의 말로 눈치를 받을 상황에 노출된다. 어려운 사람보다 잘사는 사람을 만날 때 특별히 신경 써야 한다. 못하는 걸 위로하기는 쉬워도 잘하는 걸 칭찬하기는 어렵기 때문이다.

　부러운 대상에게 비판적이지 않도록 주의해야 한다. 비판은 하지 않을지라도 "언제쯤 실수하나?" 하며 방관하기 쉽다. 사실은 남이 잘하는 것을 방해만 하지 않아도 신사다운 사람이라고 할 수 있다.

　남을 돕는 것은 나를 돕는 것이다. 친구를 돕는 것도 나를 돕는 것이다. 얼마 지나지 않아서 나도 남의 도움이 필요할 때가 올 수 있다. 반대로 나를 돕는 것이 친구를 돕는 것이 될 때도 있다. 내가 어려워지면 친구에게까지 피해를 주게 되기 때문이다. 그러므로 나를 도울 땐 나를 돕고, 친구를 도와야 할 땐 친구를 도와야 한다. 남의 자녀가 나의 자녀이고 나의 자녀가 남의 자녀이기도 하다. 남의 집 딸이 내 아들하고 살고, 남의 집 아들이 내 딸하고 살게 될 것이기 때문이다.

투기하지 마라

세상에는 불쌍한 영혼과 안타까운 영혼뿐이다.
잘살면 잘살아서 불쌍하고,
못살면 못살아서 안타깝다.
성공해서 불쌍하고,
실패해서 안타깝다.
작아도 불쌍하고 커도 불쌍하고,
있어도 불쌍하고 없어도 불쌍하다.
1등도 불쌍하고 꼴등도 불쌍하다.
꼴찌는 무시받을 자리에 머물러 있으니 불쌍하고
1등은 교만의 나락으로 떨어질 인간성의 위기에 놓여서 불쌍하다.

보석을 가지고 있어도 불쌍한 것은
언젠가 그 보석을 잃어버린 후에
통곡할 것이기 때문이다.
보석을 갖지 못한 사람이 불쌍한 것은
귀한 것을 가진 경험을 누리지 못하기 때문이다.
가진 것도 불쌍하고 없는 것도 불쌍하다.

사는 동안 얻은 모든 것은

결국 남겨두고 떠나야 할 것들인데
그것들이 영원할 것처럼 매달린 인생은
불쌍할 수밖에 없는 필연의 운명을 가졌기에
세상에는 불쌍하고 안타까운 영혼뿐이다.
불쌍히 여기고 사랑하는 것 말고 무엇을 할 수 있을까?

7 chapter ♥ 행동하는 마음으로 채움

자랑하면 세상이 기쁨으로 채워질 것 같지만

오히려 슬픔이 가득 차게 됩니다.

자랑으로 채워지는 것은 내 마음 하나뿐입니다.

내 마음이 자랑으로 채워지면

사랑은 조용히 허공으로 날아가버립니다.

세상은 내 자랑을 들어줄 만큼 성숙하지 않습니다.

안타까운 사실이지만

내 자랑을 들을 만큼 성숙한 사람은 나를 낳은 부모뿐입니다.

내 자랑을 들어줄 만큼

성숙하지 못한 유치원 같은 세상을

귀엽게 봐주세요!

자랑
본능

런던 의과대학의 한 교수가 여왕의 주치의로 임명되었다. 자신이 영국 최고의 의사들로 구성된 여왕의 주치의 명단에 들었다는 것이 자랑스러워서 그는 강의실 흑판에 그 사실을 기록하였다.

"제가 여왕의 주치의로 임명되었음을 학생 여러분들에게 알립니다."

소식을 접했을 학생들의 반응이 궁금해 교수는 오후에 강의실을 방문하였다. 빈 강의실에서 흑판을 보니 자신이 쓴 글 아래 누군가 적은 짤막한 답글이 보였다. 축하의 내용일 거라고 생각하며 가까이 다가가서 살펴보니 다음과 같이 적혀 있었다.

"신이여, 여왕을 구하소서!"

의과대학 교수정도면 스스로 자랑하지 않아도 알아줄 법한 위치에 있건만 그래도 자신의 입지를 보여주고 싶은 욕구는 보통 사람들과 다르지 않다. 또한 교수의 성공을 축하해주어야 할 제자들은 그의 자랑에 배 아파하고 있다.

사람을 죽이고 살리는 수술 칼은 조절할 줄 알면서 자랑의 욕구는 조절할 수 없는 것이 사람의 자랑본능이다. 철없는 아이에서 철 지난 노인까지 자신이 어떤 사람인지를 이야기하고 싶고, 있는 모습 그대로가 아닌 과장되고 꾸며진 자신의 모습을 알리고 싶어 한다.

모든 사람이 왕이라는 것을 알아도 왕은 스스로 왕이라는 것을 이야기하며 확인하고 싶어 한다. 잘하는 사람은 자신이 잘한다는 것을 이야기하고 싶어 하고, 못하는 사람도 자신이 얼마나 잘하는지를 이야기하고 싶어 한다. 자랑은 인간의 타고난 정서적 본능 중 하나이다.

본능은 지성으로 조절되지 않으면 부작용을 일으킨다. 먹고 싶은 본능을 조절하지 않으면 배탈이 나거나 비만해진다. 잠자고 싶은 본능과 안 자려는 생각을 조절하지 않으면 게으른 사람이 되거나 수면 부족으로 신체가 허약해지고 병을 얻게 된다.

술 먹는 욕구를 조절하지 못하면 취해서 거리를 방황하게 되고, 거리에 쓰러져 잠들었다 깨어보면 경찰서이기도 하고, 분명 신발과 옷을 벗고 안방에서 잠들었는데 일어나면 수많은 사람들이 오가는 화단이기도 하다.

마찬가지로 정서적인 본능도 조절되지 않으면 다양한 부작용을 일으킨다. 그로 인해 난처한 상황을 당할 수도 있다. 욕하고 싶은 본능, 화내고 싶은 본능, 자랑하고 싶은 본능은 부정적인 반응을 일으키는 대표적 본능이다. 이 부정적 본능을 최대한 줄이는 것이 가장 좋은 조절의 비결이다.

한명숙과 홍준표 그리고 김홍식

해마다 어느 대학교의 초대로 재학생들을 위한 인간관계 특강을 진행하고 있다. 한번은 강의를 마치고 담당직원의 배웅을 받으며 공항으로 가는 중에 해당 학기의 강사들에 대한 이야기를 듣게 되었다. 알 만한 사람들의 이름들 가운데 특별히 내 강의 직전 강사와 바로 다음 강사의 이름을 들으며 기분이 좋아졌다.

"지난주엔 홍준표 의원이 다녀갔고 이번 주엔 선생님이고 다음 주엔 한명숙 전 총리가 오기로 되어 있습니다. 그런 분들 오면 마중 나가야 하고, 배웅까지 해야 하는데, 경호원에 기자들, 방송사까지 엄청나게 따라다녀요……"

너무 유명한 사람들이 오면 준비할 것도 많고, 학생도 더 많이 모이기 때문에 어려움이 많다는 하소연이었다. 그런데 나는 그 말을 들으며 그 두 사람 사이에 내가 끼어 있으니 나도 그 정도의 인물로 대접받고 있다는 생각이 들었다. 문득 누군가에게 내가 어떤 사람들 사이에 있는지를 한번쯤 이야기하고 싶었다. 그래서 집으로 돌아오자마자 그 사실을 집사람에게 이야기했는데 별 반응이 없었다.

"그런 사람들과 동등한 위치라니, 정말 대단해요!"라는 말 한 마디 정도는 할 줄 알았다. 그런데 내 말을 듣고도 아무 말이 없었다. 그래서 나는 내 입으로 결론을 이야기했다.

"그 사람들 사이에 내가 있다는 건 내가 그 수준으로 인정받는다는 것 맞지?"

이 정도 이야기했으면 "그러네요!"라는 말 정도는 하리라 기대했는데 전혀 예상하지 못했던 말이 집사람 입에서 튀어나왔다.

"그 사람들은 당신하고는 차원이 다르죠! 그 사람들은 강의가 문제가 아니라 얼굴 한 번만 봐도 학생들에게는 경력이 되는 사람들이에요. 당신과는 하늘과 땅 차이지!"

아내의 말을 듣고 나는 굳게 결심했다. 아무리 친하고 가까운 사이한테도 내 입으로 나를 자랑하지 않기로, 본전을 찾지 못하는 것은 고사하고 놀림감만 될 수 있겠다는 생각이 들었다. 놀랄 줄 알고 이야기를 했는데 놀라지는 않고 비웃는 듯 야릇한 미소만 짓고 넘어가버리다니.

아무리 대단한 걸 자랑해도 듣는 사람에게는 그저 웃기는 일밖에 되지 않는다. 자기 스스로를 자랑하는 일로 상대의 감탄을 일으킬 수 없다. 자랑하고 나서 비웃음을 사지만 않아도 큰 다행인 줄 알아야 한다.

자랑은 조절하지 않으면 칭찬 대신 조롱을 당하거나 상처의 원인이 되고 웃음거리가 되고 만다. 자랑거리를 조절하지 못하면 도리어 "그걸 자랑이라고 하는 거야?" 하는 수치스런 말을 듣게 된다.

아빠 자랑

세 아이가 자기 아빠의 행동이 얼마나 빠른지를 자랑하고 있었다.

"우리 아빠가 얼마나 빠른지 알아? 활터에서 활을 쏘는데 우리 아빠가 쏜 화살이 과녁에 닿기도 전에 달려가서 어디에 꽂히는지를 보신다고!"

첫 번째 아이가 자기 아빠를 자랑하자 두 번째 아이가 나서며 자기 아빠가 훨씬 빠르다고 큰 소리로 자랑했다.

"우리 아빠는 말이야, 사냥하러 가서 사슴을 발견하고 총을 쏜 다음에 사슴이 쓰러지기도 전에 그곳에 도착해!"

그러자 세 번째 아이가 자기 아빠를 자랑했다.

"겨우 그 정도 가지고 빠르다고 하는 거야? 우리 아빠는 회사원이거든. 퇴근 시간이 오후 여섯 시인데 얼마나 빠른지 다섯 시면 벌써 집에 와 있단 말이야!"

자랑이 지나치면 수치와 부끄러움이 된다. 철없는 아이들은 경쟁심 때문에 자랑해서는 안 될 것까지 자랑한다. 그러고는 부러워할 것도 못 되

는 것들을 부러워한다. 물론 그렇게 해서 아이들은 상상력과 커다란 포부를 갖는 계기를 얻기도 한다.

조금만 깊이 생각할 줄 아는 사람이라면 여섯 시에 퇴근해야 할 자기 아빠가 다섯 시에 집에 와 있는 것은 자랑거리가 아니라 부끄러운 일임을 알 수 있다.

그런데 우리가 자랑하는 것들은 대부분 세 번째 아이의 자랑거리와 같다. 아무리 자랑할 만한 것이라도 자기 입으로 자랑하게 되면 잘난 척하는 철없는 짓이 된다.

터무니없는 자랑은 아이들끼리는 먹힐지 몰라도 어른들에게는 웃기는 이야기이다. 생각 없는 사람들에게는 그럴듯하고 부러운 이야기가 될지 몰라도 사리판단을 할 줄 아는 사람들에게는 한심한 꼴일 뿐이다. 자랑하고도 욕 안 먹으면 그 자랑을 하는 사람보다 가만히 듣고 있는 사람들이 정말 훌륭한 사람들이다. 그들은 남의 자랑을 차마 무시할 수 없어서 들어주는 것이다. 자랑을 하는 사람보다 그 자랑을 들어주는 사람이 더 대단한 사람이다.

자랑은 유치한 수준이다

조카 상원이의 유치원 시절 이야기다. 어느 날 아이들의 엄마 자랑 경쟁이 시작되었다.

"우리 엄마는 엄청 예뻐! 우리 엄마가 세상에서 제일 예쁘다고!"

"우리 엄마는 세상에서 제일 맛있는 거 많이 줘!"

"우리 엄마는 키가 제일 커!"

"울 엄마는 뚱뚱해. 울 아빠가 세상에서 제일 뚱뚱하다고 그랬어!"

"우리 엄마는 세상에서 제일로 밥 잘해! 우리 엄마는 제일 비싼 밥통 있다 그랬어!"

다른 아이들의 자랑을 듣고 있던 상원이는 이미 다른 아이들이 좋은 것을 다 해버리자 무얼 자랑할까를 고민하다가 크게 소리쳤다.

"우리 엄마는 머리통이 엄청 커. 세상에서 우리 엄마처럼 머리통 큰 사람은 없어!"

상원이가 집에 와서 자기가 자랑한 걸 엄마한테 이야기하자 엄마는 그게 무슨 자랑거리냐며, 다시는 그런 자랑은 하지 말라고 했다. 그후로 상원이는 엄마 머리통 큰 건 자랑거리가 아니라고 생각했는지 다시는 그런 말을 하지 않았다.

조카는 왜 별로 크지도 않은 자기 엄마 머리통이 세상에서 제일 크다고 말했을까? 아마도 가장 가까이에서 매일 얼굴을 맞대고 살다보니 크게 느껴졌던 모양이다. 잠들기 전이나 잠을 자는 도중에 눈을 뜨면 엄마 얼굴이 눈앞에 와 있어서 세상을 가득 채우고 있었을 테고, 아침에 일어날 때는 자기 눈앞에 얼굴을 들이밀며 가장 먼저 말을 거는 사람이었으니 크게 느껴졌을 것이 당연할 것 같기도 하다.

아이들은 별것을 다 자랑한다. 남들이 자랑하니까 뭐든지 자랑하면 되는 줄 알고 부끄러운 줄도 모르고 자랑해댄다. 자랑은 유치한 수준에 딱 맞는 소일거리다. 아무리 대단한 것도 스스로 자랑하면 유치한 것이 된다. 사람들은 말하지 않아도 다 안다, 자랑할 만한 일인지 아닌지. 그리고 말없이 부러워하기도 하고 속으로 칭찬하기도 한다.

그러나 본인이 자기 입을 통해 자랑하는 순간 자랑거리는 비웃음거리가 된다. "내가 얼마나 대단한 사람인지 알아?" 하고 말하는 순간 사람들은 "그래, 너 참 대단한 놈이다!" 하고 비웃거나 "그래! 네가 얼마나 한심한 놈인 줄 다 알고 있다!"고 생각한다.

학교 자랑, 회사 자랑, 가족 자랑, 경력 자랑, 실력 자랑, 교회 자랑, 옷 자랑, 가방 자랑, 차 자랑, 외모 자랑, 지식 자랑……, 모든 자랑은 철없는 아이의 유치한 소리와 같고 철 지난 노인의 허풍과 같다.

꼴값을 떨어요!

돌잔치에 초대받은 친구가 선물을 들고 잔치 장소로 찾아갔다. 축하한다는 말을 건네자 "소문 들었어?" 하며 아이 아빠가 인사를 건넸다. "무슨 소문?" 하고 묻자 아이 아빠는 흥분해서 한 돌밖에 안 된 아이 자랑을 늘어놓았다.

"아 글쎄, 이 녀석이 벌써 오 개 국어를 할 줄 안다고! 아무도 가르쳐준

적이 없는데, 오 개 국어를 해요!"

"그래? 어느 나라 말을 하는데?"

"영어, 일어, 중국어, 불어, 스페인어에 보너스로 한국어까지 한다는 거 아냐!"

친구는 고개를 끄덕이며 대단한 일이라고 칭찬해주었다. 인사를 마치고 자리를 잡고 앉으려 하는데 아이 아빠가 한 마디를 더했다.

"그런데 문제는 말이야, 이 녀석이 알아듣기는 잘하는데 아직 말을 못해!"

친구는 아이 아빠를 쳐다보며 기가 막히다는 표정으로 대답했다.

"꼴값을 떨어요! 꼴값을!"

육갑은 육십갑자의 줄임말로 열 개의 하늘의 원리를 상징하는 글자와 열두 개의 땅의 원리를 상징하는 글자를 차례대로 조합하여 연도의 이름을 정하는 원칙을 의미한다. 열 개와 열두 개를 순서대로 조합하면 두 개의 어긋나는 글자로 인해 60개의 년도 이름이 만들어진다.

갑자년에서 시작하여 을축, 병인, 정묘, 무진, 기사, 경오, 신미, 임신, 계유, 갑술, 을해…… 이렇게 해서 61번째가 되면 다시 갑자년이 된다. 그래서 자신이 태어난 지 61년이 되면 환갑잔치를 한다.

요즘의 구구단처럼 예전 서당에서는 육십갑자를 깨우치는 것을 교육의 기초라고 생각했다. 그런데 지적 능력이 모자라는 사람들은 이 육갑의 원리를 아무리 가르쳐도 이해하지 못했다. 그러다가 어느 날 원리를 깨우치고 육갑이 진행되는 순서를 이해하게 되면 날마다 사람들을 만나 육갑을 떠들고 다녔다. 그러면 사람들은 처음에는 바보가 육갑을 알게 되었으니 신통하다고 말해주지만 계속 육갑을 떠들고 다니는 소리가 지겨워지면 '병신 육갑하네'라고 면박을 주었다.

즉, 이 말은 어떤 의미에서는 칭찬하는 말이기도 하지만 다른 뜻으로는 어른이 되어서 겨우 육갑을 하게 되었으니 한심하기 그지없다는 의미이기도 하다.

사람들이 자기 자랑을 하고 다니는 것 대부분은 바보가 육갑을 하는 것과 유사하다. 최근에 알게 된 사실이라며 대단한 비밀인 것처럼, 세상 사람은 아무도 모르고 자기 혼자 아는 것처럼 하는 말들이 이미 오래전에

들은 이야기이고, 대부분의 사람들에게는 상식인 경우가 많다.

그런데 상대방은 그것을 이제야 알게 되자 지금까지 자신이 알지 못했던 것처럼 다른 사람도 모를 것이라는 착각으로 자랑하고 다니는 것이다. 그런 모습을 볼 때마다 바보가 육갑을 깨우치고 그것을 자기 혼자 아는 것처럼 떠들고 나니는 모습이 연상된다.

겨우 육갑을 떼고는 모든 학문을 다 통달한 양 거들먹거리는 바보처럼, 우리는 아무 것도 아닌 일들을 자랑하며 살고 있다. 자랑은 육갑하는 것과 다를 바 없이 어리석은 짓이다.

갈채의 산과
조롱의 산

4층 연립주택 옥상으로 가스를 배달해달라는 연락을 받고 가보니 붙어 있는 건물에 두 방향으로 계단이 나 있었다. 다시 전화를 할까 망설이다 같은 건물이니 옥상도 연결되어 있을 것이라 생각하여 가스통을 둘러메고 4층을 지나 옥상으로 올라갔다.

옥상에 올라가보니 건너편 건물에서 웬 할머니가 자신을 뚫어지게 쏘아보고 있었다. 나이 든 노인이 심심해서 낯선 사람을 관찰하는 것으로 생각하고 눈길을 무시한 채 교체할 가스통을 찾았다.

어깨에 멘 가스통을 내려놓고 교체할 호수가 기록된 가스통을 찾는데

도무지 보이질 않았다. 여러 개의 가스통을 이리 돌리고 저리 돌리며 호수가 기록된 것을 살피다가 한숨을 쉬고는 눈을 들어 건너편 옥상을 바라보았다. 건너편 할머니는 여전히 자신을 빤히 쳐다보고 있었다.

다시 눈길을 외면한 채 가스통을 찾았지만 여전히 호수가 눈에 뜨이지 않았다. 뭔가 잘못되었다는 생각이 들어 1층 입구에서부터 문제가 있었다는 생각을 하며 고개를 들자 건너편 건물의 할머니가 그를 향해 손을 흔들었다.

"왜 그러세요?"

"젊은이! 그 가스, 이쪽에서 시킨 거야!"

사람은 두 개의 산을 왕복하며 산다. 갈채의 산과 조롱의 산이다. 안타까운 점은, 산을 다 오르기 전에는 자신이 오르고 있는 산이 어떤 산인지 알지 못한다는 것이다. 갈채를 받을 줄 알고 산꼭대기에 올랐는데 사람들이 박수가 아니라 야유를 보낸다. 고생하며 올라서 칭찬을 받을 줄 알았는데 도리어 욕을 듣는다. 조롱의 산을 갈채의 산으로 착각하고 올랐기 때문이다.

아주 많은 사람들이 자랑으로 자신을 갈채의 산에 올려놓으려 한다. 그러나 자랑으로는 결코 갈채의 산을 오를 수 없다. 자랑할 때는 기분이 좋아서 마치 산꼭대기에 오른 것 같지만 자랑이 끝나고 나면 시원한 바람이 부는 산꼭대기가 아니라 바람 한 점 없는 음침한 골짜기에 있게 된다. 자랑하면 분위기가 좋아지고, 여러 사람에게 칭찬받을 줄 알고 열심히 자랑하지만 사람들의 표정과 분위기는 점점 썰렁해진다.

무엇을 위해, 누구를 위해 자랑하는가? 자랑은 모두 나를 위한 행동이다. 남을 위한 자랑이란 없다. 모든 사람은 칭찬 듣고, 인정받기 위해 자신을 자랑한다. 그러나 누구도 남의 자랑 듣는 것을 달가워하지 않는다. 그런데 우리는 자기 자랑으로 남들의 갈채를 얻으려 하고 자기 과시로 명예의 전당에 오르려 한다. 결국 돌아오는 것은 "그래! 너 잘났다!"고 하는 무시와 조롱뿐이다. 자랑하는 순간 스스로는 갈채의 산에 오르고 있는 줄착각하지만 사실은 조롱의 산을 오르고 있는 것이다.

자랑으로는 절대로 갈채의 산에 오를 수 없다. 그런데도 왜 사람들은 자랑에 매달리는가? 자랑은 인간의 정서적 본능 중 하나이기 때문이다. 사람은 가르쳐주지 않아도 자랑하고픈 욕구를 채우려 한다. 어린 아이들은 부모와 가족, 자기 소유의 장난감을 자랑하며 성장하고, 부모가 된 사람들은 자신의 자녀를 자랑하며 늙어간다. 아이들에게 부모는 절대적 능력의 수호신이고, 부모에게 자녀는 모두가 천재이다. 인간의 인생은 자랑과 함께 전진하고 자랑과 함께 물러난다. 자랑의 욕구는 타고난 본능이기 때문이다.

사람이 자랑에 매달리는 또 다른 이유는 자랑으로 갈채의 산에 오를 수 있다고 착각하기 때문이다. 자랑할 만한 소질이나 능력, 기능을 가지고 있다는 것은 갈채의 산을 오를 수 있는 충분한 자격이 된다. 그러나 여기부터가 문제이다. 자기 능력을 스스로 과시하는 것으로는 갈채의 산을 오를 수 없다. 갈채의 산은 남들의 간접적인 칭찬에 의해서만 오를 수 있다.

자랑은
자기 망신이다

말 많은 할머니 네 분이 모여서 자기 자랑을 시작했다. 친정 자랑, 시댁 자랑, 가구와 살림 자랑에 속내의까지 자랑하던 할머니들은 더 이상 자랑할 것이 없자 허풍을 치기 시작하였다.

"우리 아들이 조금 있으면 목사가 될 거야! 사람들이 우리 아들한테 하느님의 일꾼이라고 하더라고. 하느님이 대통령보다 높은 건 다들 알고 있지?"

그 말을 듣고 있던 할머니가 이어서 자식 자랑을 늘어놓았다.

"우리 아들은 추기경이 될 거라네! 사람들이 추기경을 하느님의 친구라고 하더라고! 하느님 일꾼하고 친구 중에 누가 높은가?"

그러자 다른 할머니가 기막히다는 표정으로 말을 했다.

"정 그렇게들 말한다면 우리 아들 이야기를 해야겠네! 우리 아들은 장차 교황이 될 사람이야! 사람들이 교황을 부를 땐 하느님 같은 분이라고 한다던데, 그럼 우리 아들보다 더 높은 사람은 없는 거지?"

네 번째 할머니가 별것 아니라는 표정으로 자기 아들에 대한 이야기를 시작했다.

"우리 아들은 공부도 못하고, 잘생기지도 않고, 뚱뚱하고, 미련한데다가 다리도 짧아서 뒤뚱거리면서 걷는데, 사람들이 우리 아들을 보고 하느님이라고 부르던데?"

세 할머니는 앞뒤가 맞지 않는 네 번째 할머니의 말에 사람들이 아들을 어떻게 부르느냐고 물어보았다.

"우리 아들이 지나가면 사람들이 뒤에서 다들 그러지! '오 마이 갓!' 그 거 하느님이라는 소리잖아? 그럼 우리 아들이 제일 높은 것 맞지?"

자랑하는 일은 자기 망신을 자초하는 일과 같다. 자신은 자랑거리라고 이야기하지만 남들이 들으면 기가 막혀서 무슨 대답을 해야 할지 모르게 되어버린다. 남의 자랑을 듣는 사람들이 아무 대답도 없이 듣고 있는 이 유는 그 황당한 상황에 어떻게 대처해야 할지를 알지 못하기 때문이다.

물건을 팔기 위해 만들어지는 광고는 고객을 끌어들일 수 있지만 자기 스스로를 과대포장하는 자기 자랑은 역효과를 낳는다. 남의 자랑을 듣는 사람들의 속마음은 대부분 '꼴값을 떨어요!' 하는 심보가 된다.

한 번 보고 말 사람에게는 자랑해도 상관이 없다. 그런 사람에게는 자 기 홍보 효과가 될 수 있기 때문이다. 그러나 늘 함께하는 사람들에게 자 랑해서 좋을 건 별로 없다. 홍보 효과를 위해서는 자신을 최고로 포장하 는 것이 유익할 수 있으나 지속적인 관계를 유지해야 할 사람에게는 있는 그대로의 모습이 가장 좋다. 익숙한 사람들에게 자랑하는 것은 도리어 자 기 점수를 깎는 행위가 된다.

자랑한다는 것은 인정받고 싶다는 표현이다. 자랑하는 것이 어리석은 행동인 줄 알면서도 자랑의 욕구를 조절하지 못하는 이유는 누군가에게 인정받고 싶은 욕구가 더 강하기 때문이다.

나 스스로는 자랑하는 실수를 범하지 않기 위해서 조심해야 하지만 남들의 자랑을 들을 때는 그들의 자랑을 믿어주고 인정해주는 것이 필요하다. 상대가 나에게 자기 자랑을 늘어놓는 이유는 나의 인정이 필요하다는 것을 의미하는 것이다. 상대의 자기 자랑 뒤에는 나에게 인정받고 싶은 간절함이 숨어 있다.

그때 필요한 것은 상대를 인정해주는 태도이다. 놀라울 것이 없어도 놀라는 척, 대단할 것 하나 없어도 대단한 척, 다 알고 있어도 처음 듣는 척해주어야 한다. 그렇게 하지 못하는 이유는 우리가 남의 자랑을 배 아파하는 유치한 근성을 가지고 있기 때문이다. 남의 성공과 자랑거리를 배 아파하는 못 먹는 감 찌르는 심보를 이겨야 남의 자랑을 듣고 공감할 수 있게 된다.

삶으로 보여주는 자랑

자랑한다는 것은 어리광을 부리는 것과 같다. 어리광을 부리는 아이들을 향해 어른들은 잘한다며 박수를 쳐준다. 아이들은 그런 박수와 한호를 듣고 밝고 건강하게 성장한다. 그리고 때가 되면 어리광을 부리던 아이는 성장해서 유치한 짓을 멈추게 된다. 그리고 철든 후에 그러한 장면을 아름다운 추억으로 간직한다.

자랑을 하는 사람은 어른으로서 어리광할 수 없기에 대신 자랑하는 것으로 어리광을 부리는 것이다. 그러므로 자랑하는 사람은 어른이기는 하지만 아직 자기 부모를 자랑하는 어린아이와 같은 정서를 가지고 있다고 할 수 있다.

성숙한 정서를 가진 사람은 자기 입으로 자랑하지 않는다. 대신 자신이 받은 상장과 트로피와 자랑거리를 진열장 구석에 잘 장식해둔다. 그러면 사람들은 조용히 다가가서 그것을 보고 말없이 그의 자랑거리를 구경하고 그가 어떤 사람인지를 인식하고 인정하게 된다.

정말 자랑할 것이 있다면 말로 하는 것보다 삶으로 보여줄 수 있어야 한다. 말로 하는 자랑은 무시받지만 보여주는 자랑거리는 존경받는다. 정말 자랑하고 싶은 것이 있다면 말로 하지 말고 행동으로 하라. 삶과 행동으로 보여주는 자랑은 존경받는 비결이 된다.

말로 하는 자랑, 보여주는 자랑

자랑은 철없는 아이들의 유치한 놀이와 같고,
철 지난 노인의 헛소리와 같다.
자랑으로 되는 일은 남의 기분을 상하게 하는 것과
먹은 것도 없는 남의 배를 아프게 하는 것뿐이다.
자랑해서 기분 좋은 건 세상에 딱 한 사람 나뿐이다.
내가 자랑하기 시작하면 모든 사람은 슬퍼지고
나는 혼자 좋아서 미치게 된다.

자랑하다 미친 영혼은 약으로도 고칠 수 없으니
자랑하기 전에 다시 한 번 생각하라.
지금 내가 무슨 말을 하고 있는지,
나 하나를 위해 온 세상을 슬프게 하고 있는지.

자랑은 타고난 본성이다.
조절하지 않으면
자신에게는 상처가 되고 남에게는 웃음거리가 된다.
자랑의 효과는 부작용과 역효과뿐이다.
자랑하고픈 마음이 일어날 때는
아무도 없는 골방으로 들어가라.

나에게 자랑하는 사람은
잘보이기 위해 어리광을 부리는 것이니
아이가 어리광 부리면
무슨 짓을 하든 웃으며 봐주고 잘한다고 칭찬하듯
어른이 자랑을 늘어놓을 때도
잘 봐주고 칭찬하고 박수 치면 된다.
어른은 어리광을 부릴 수 없어서 자랑하는 것이다.

남이 자랑하면 잘 들어주고,
내 자랑거리는 보이는 곳에 올려놓기만 하라.
절대 말로는 자신을 자랑하지 말고, 조용히 보여주기만 하라.
삶으로, 행동으로 보여주는 자랑이
모든 사람을 웃게 하는 진정한 자랑이다.

8chapter ♥ 깨달음으로 채움

인간은 자기중심적인 존재로 태어납니다.

모든 것을 자기 위주로 생각하고, 판단하고, 결정하고, 행동합니다.

어린아이는 세상의 어떤 상황도 고려하지 않은 채

배고프면 울고 배부르면 곯아떨어집니다.

마음에 들면 웃고 마음에 들지 않으면 비명을 지릅니다.

어른도 마찬가지입니다.

내가 맛있다고 하는 것, 내가 좋아하는 것을

같이 좋아해주는 사람만을 가까이합니다.

이것은 맛에 대한 교만이고 기호에 대한 교만입니다.

사람은 겨우 자기 하나를 바라보며

세상의 모든 사건과 사물을 판단합니다.

내가 잘되면 좋고 남이 잘되면 속상하고,

나에게 맞으면 좋고 남에게 맞으면 화가 납니다.

교만은 사랑을 방해하는 심각한 딴지꾼입니다.

교만으로는 아무 것도 채워지지 않습니다.

다시 사온
축구화

동네 부녀회에서 자선 바자회를 연다는 방송을 듣고 한 주부가 입지 않는 옷가지들을 모아서 빈 상자에 담았다. 상자를 들고 나가려다가 문득 신지 않는 신발도 정리해야겠다는 생각이 들었다. 오랫동안 신발장에서 자리만 차지하고 있는 먼지 앉은 것들을 골라 상자에 담았다. 그중에는 남편이 조기 축구회에 가입한 후 산 축구화도 있었다. 새로 사서 한 번도 신지 않은 것이었다. 축구화를 산 지 1년이 넘었지만 남편이 새벽에 일어나서 축구를 하러 간 적은 없었다.

그날 저녁, 퇴근한 남편이 집에 들어서자마자 뭔가를 찾기 시작했다. 온 집 안을 들쑤시고 다니는 남편에게 아내가 무얼 찾느냐고 물었다.

"내 축구화 못봤어? 내일 아침에 축구하러 가려고. 분명 여기 어디서 봤는데!"

아내는 남편에게 내일 아침에 찾아서 먼지를 털어놓겠다고 말하고는 바자회 사무실로 달려갔다. 늦은 시간이라 문이 닫혀 있었다. 담당자에게 연락해서 사정을 말하니 새벽에 일찍 나와서 찾아주겠다고 하였다. 다음날 새벽, 아내는 바자회 사무실에서 자신이 내놓은 남편의 축구화를 만원에 사서 집으로 가져왔다.

가치관과
교만

교만은 자기중심적인 가치관에서 나오는 생각과 태도와 눈빛과 표현이다. 대범한 것과 적극적인 것뿐만 아니라 소심한 것과 소극적인 것도 교만일 수 있다. 자기 마음대로 하려는 것은 무엇이든 교만에서 나오는 것이다.

자랑은 못하지만 잘난 것을 보여주고 싶은 것, 남보다 먼저 먹으려 하는 것, 특별 대접 받으려는 것, 좋은 자리를 차지하려는 것들은 모두 교만에서 비롯된 부차적인 행동이다. 이러한 태도의 원인은 깊은 내면에 자기가 최고라는 의식이 있고, 자기밖에 모르는 이기심이 자리 잡고 있기 때문이다.

남편의 축구화는 아내에게는 필요 없는 것이지만 남편에게는 언젠가는 요긴하게 쓰일 물건일 수 있다. 나에게는 필요 없지만 남에게는 필요할 수 있고, 내 생각에는 아무 것도 아니지만 다른 사람들의 생각에는 아주 중요한 것일 수 있다. 나 이외의 다른 사람에게 어떤 의미를 가지고 있는지를 생각하지 않고 혼자 판단하고 혼자 결정하는 것은 내면에 잠재하고 있는 교만의 영향을 받기 때문이다.

실질적으로 교만한 태도를 갖지 않기 위해서는 상황에 따른 비율을 계산하고 행동해야 한다. 혼자 사는 사람은 모든 것을 혼자 결정하면 된다. 그것은 교만과는 아무런 연관이 없다. 다만 자기 결정을 스스로 책임지기만 하면 된다.

그러나 둘 이상일 때부터는 혼자 결정해서는 안 된다. 그러면 교만한 사람이 된다. 산술적으로 두 사람일 때는 50%를 결정할 수 있고, 네 사람일 때는 25%를 결정할 수 있으며, 열 명이 함께 있을 때는 10%, 즉 열 번에 한 번 정도를 결정하면 보편적으로 교만한 사람이라는 말을 듣지 않을 수 있다.

그러나 이것은 어디까지나 수학적인 개념으로 하는 말이고 인문적인 상황에서는 아닐 수도 있다. 열 명 정도가 모인 곳에서 모든 사람이 한 번씩 결정권을 행사한다는 것은 실제로 일어날 확률이 거의 없다. 고집 세고 목소리 큰 사람, 좀 더 나서는 사람이 두 번, 세 번을 결정하는 경우가 허다하다. 또한 겸손한 사람은 열 번에 한 번도 아닌 백 번에 한 번도 결정하지 않고 다른 사람이 결정한 것을 따라가기도 한다. 하지만 원칙적으로는 열 번에 한 번을 결정하는 것이 공평하고 어떤 사람도 교만하지 않을 수 있는 상황인 것만은 분명하다.

인간은 왜 교만한가?

자신은 모든 일을 잘할 것이라는 자기 절대주의에 빠지면 인간은 누구라도 교만해진다. 자기중심적인 사고로 인해 함께 있는 사람들과 조화를 이루지 못하고, 자신은 잘한다고 하는 일이 남에게 피해를 주는 일이 된다. 나는 잘한다고 하는 일이 남에게는 울화통 터지는 일이 된다. 이처럼 사람들 사이에서 발생하는 관계의 문제와 인생의 갈등, 생각의 차이, 형이상학적인 문제들은 물리적인 사건들처럼 문제점을 발견하기가 쉽지 않다. 그로 인해 세상은 오해와 갈등의 백화점이 되었다.

인간은 자기중심적인 존재로 태어난다. 모든 것을 자기 위주로 생각하고 판단하고 결정한 후 행동으로 실천한다. 어린아이는 엄마의 상황을 조금도 참작하지 않는다. 엄마뿐 아니라 세상의 어떤 상황도 고려하지 않은 채 배고프면 울고 배부르면 곯아떨어진다. 마음에 들면 웃고 마음에 들지 않으면 어디서든 운다. 절대적으로 자신이 옳다는 선천적 교만을 타고나기 때문이다.

어른도 마찬가지다. 내가 맛있다고 하는 것을 다른 사람은 맛없다고 할 수 있고, 내가 좋아하는 것을 남들은 좋아하지 않을 수 있다. 그런데 우리는 내가 맛있다고 하는 것을 맛있어하는 사람하고만 어울리고 내가 좋아하는 것을 같이 좋아해주는 사람만을 가까이한다. 이것은 맛에 대한 교만이고 기호에 대한 교만으로, 누구도 부인할 수 없는 인간의 본질이다.

성숙한 사람이 된다는 것은 이 타고난 교만의 틀을 깨뜨리는 과정이다. 자신의 생각과 뜻, 입맛과 기호가 옳지 않을 수 있다는 인식을 갖고 다른 사람들의 상황을 이해하고 그들의 생각과 말이 나보다 나을 수 있음을 알아가는 것이다.

홍탁삼합의
참맛

　전라도 음식 중에 초보자가 먹기에는 벅찬 음식으로 홍탁삼합이 있다. 삭힌 홍어와 삶은 돼지고기에 김치를 함께 먹는 요리인데 그중에 가장 독특한 것이 삭힌 홍어이다. 그 맛에 익숙한 사람들은 그 이상의 요리가 없다고 하지만 일반인들은 그 냄새만으로도 식욕을 잃어버릴 수 있다. 식당에서 우연히 그 음식에 관해 사람들이 하는 말을 들었다.

　"먹을 게 없어서 썩은 음식을 먹냐?"

　나도 우연히 맛을 보고는 이런 음식을 왜 먹는지 모르겠다고 하였다. 그런데 광주에서 초대 강연을 마치고 가장 맛있다는 음식을 먹기 위해 따라간 곳이 홍탁 전문 요릿집이었다. 식당에 들어서기 전부터 풍기는 삭힌 홍어 냄새가 마음을 불안하게 만들었다. 이미 음식은 예약되어 있었기에 선택의 여지가 없었다. 홍탁만 빼고 다른 것을 먹어야겠다고 생각하고 있는데 구수해 보이는 탕이 상 한가운데 놓여졌다.

　탕이 놓이자 삭힌 홍어 냄새가 더욱 심해졌다. 무슨 탕인가 물어보니 광주에 온 사람은 반드시 먹고 가야 할 홍어탕이라고 하였다. 홍탁으로 끓인 탕은 맛이 더욱 진해서 한 번 먹으면 절대 잊어버리지 못한다고 하였다. 손님으로 초대된 나를 위해 홍어탕이 국그릇에 하나 가득 담겨져서 내 앞에 놓였다. 함께 간 사람들의 기대를 무너뜨릴 수 없어서 눈을 딱 감고 홍어탕을 먹기 시작했다.

"어유, 잘 드시네!"

"하하하! 연탄재 빼고 다 잘 먹습니다!"

"서울서 온 사람들은 거의 못 먹던데요?"

"먹을 만합니다!"

이런저런 얘기를 주고받으며 한 그릇을 다 먹을 때쯤 톡 쏘는 홍어의 맛이 느껴지기 시작했다.

"아! 이 맛 때문에 홍어를 먹는구나!"

그때까지 내가 홍탁삼합을 먹지 못할 음식이라고 생각했던 것은 그 맛이 이상해서가 아니라 그 맛을 이해하지 못했기 때문임을 알게 되었다. 세상의 입맛은 상상할 수 없을 만큼 다양하고 그 모든 맛은 고유한 가치를 가지고 있다. 내 입맛으로 다른 사람들의 입맛을 평가한다는 것은 타고난 맛의 교만을 버리지 못하기 때문이다.

교만은 자기중심 철학의 외적 표현이다

무시하는 눈빛, 모질게 뿌리치는 손짓, 몰인정한 태도, 거칠게 터져나오는 말소리, 경멸의 표정은 사람의 속에 숨어 있는 교만이 밖으로 튀어나온 것이다. 이런 것들은 결코 보여주어서는 안 되는 것들이다. 꺼낼 필요도 없고, 꺼내서도 안 되는 것들인데, 스스로 인식할 시간적 여유도 주지 않고 한순간에 밖으로 표현되고 만다. 교만은 자기중심적 사고방식의 외적 표현이기 때문이다.

사람은 왜 이렇게 자기중심적인가?

사람은 모두 자기중심적인 본능을 가지고 있기 때문이다. 자신이 못나면 남도 못나기를 바라고, 자신이 실수하면 남도 실수하기를 바라고, 자신이 어려우면 남은 더 어렵기를 바란다. 그래서 교양 있는 사람이 자신의 몸을 옷으로 가리듯 사람의 속에 있는 교만은 가능한 감추고 숨겨야 할 것이다. 밖으로 드러나면 드러난 만큼의 부작용이 생긴다.

사람은 선천적으로 작은 생각과 시각, 작은 마음과 영혼을 가지고 있다. 그래서 겨우 자기 하나를 바라보며 세상의 모든 사건과 사물을 판단

한다. 내가 잘되면 좋고 남이 잘되면 속상하고, 나에게 맞으면 좋고 남에게 맞으면 화가 난다. 이것이 교만할 수밖에 없는 사람의 모습이다.

교만을 버리는 것은 작은 생각을 버리는 것이다. 타고난 자신의 작은 생각을 버리고 큰 생각을 품는 것이 교만을 넘어서는 유일한 비결이다. 자기 생각으로 가득 찬 사람은 결코 겸손한 사람이 될 수 없다. 마음에 가득 찬 것이 밖으로 나오기 때문이다.

마음을 비우는 것만으로는 겸손해질 수 없다. 사람의 마음은 물잔처럼 기울여서 비워지는 것이 아니기 때문이다. 물이 담긴 고정된 잔을 우유 잔으로 만들기 위해서는 우유를 계속 부어 물이 흘러넘치게 해야 하듯 마음은 새로운 것, 더 큰 것으로 채울 때만 이전의 작은 것을 버릴 수 있다.

교만을 버리고 겸손하기 위해서는 작은 생각으로 가득 찬 마음에 큰 생각을 부어야 한다. 외부에서 들어오는 큰 생각을 받아들이지 않으면 내부에 자리 잡고 있는 작고 옹졸한 마음은 좀처럼 떠나가지 않는다.

붕대와 홑이불

홑이불 재고를 처분하기 위해 고민하던 사업가가 의료 사역을 위해 해외로 파송된 선교사에게 붕대로 만들어 보내면 좋겠다는 생각을 하였다. 친분이 있던 선교 단체에 연락해서 봉사자들과 함께 다양한 크기의 붕대를 만들기 위해 하루 종일 매달렸다. 아침 일찍부터 시작된 붕대 만들기는 밤이 늦어서야 마칠 수 있었고, 완성된 붕대를 여러 박스에 담아 선교지에 있는 선교사에게 발송하는 것으로 홑이불 처리는 마무리되었다. 한 달 정도 지났을 때 선교사가 보낸 감사의 편지가 그에게 도착하였다.

"좋은 물건을 보내주셔서 감사합니다! 이곳은 곧 겨울이 시작되는데 환자들이 사용할 이불이 없어서 기도하고 있었습니다. 그런데 적당한 시기에 보내주신 붕대를 받고 생각해보니 치료용으로만 사용하기에는 양이 너무 많아서 그중 일부는 붕대로 사용하고 나머지는 이어붙여서 이불로 사용하기로 하였습니다. 바느질을 하는 데 시간이 좀 많이 걸리기는 했지만 훌륭한 이불이 되었습니다. 이곳 환자들에게 꼭 필요한 질 좋은 붕대를 보내주셔서 감사합니다!"

조금만 멀리 볼 수 있었다면 한쪽에서는 자르고 다른 쪽에서는 그 자른 것을 다시 이어붙이는 일은 하지 않았을 것이다. 그러나 자신의 입장과 자기 판단에 의해 가장 좋은 결정을 내린다는 것이 양쪽에서 하지 않아도 될 수고를 하게 만들었다.

이렇듯 교만은 한 치 앞을 볼 수 없는 자기중심적인 생각을 가진 인간의 운명적 본질이다. 잘한다고 하는 일이 잘못하는 일이 되고, 돕는다고 하는 일이 방해가 되기도 한다. 사업가는 의료 봉사이니 당연히 많은 붕대가 필요할 것이라고 생각했지만 선교사는 붕대보다 이불이 더 필요했었다.

내가 생각하는 상대의 필요와 실질적으로 상대가 필요로 하는 것은 다를 수 있다. 상대의 의견을 듣지 않고 일방적으로 내리는 결정은 교만한 것이다. 우연히 서로의 생각이 맞을 수도 있지만 대부분은 그렇지 않다. 받는 사람이 고맙다는 말을 하기는 하지만 속으로는 고마움보다 아쉬움과 서운함이 더 많을 수도 있다.

멜론을 두드리는 이유

멜론을 고를 때 사람들은 멜론을 귀에 대고 손가락으로 두드려서 소리를 들어본 후에 장바구니에 넣는다. 그렇게 두드리는 소리를 듣고 잘 익었는지, 맛이 있을 것인지, 얼마나 단지를 알 수 있는 것도 아니다. 전문가들은 소리만 들어도 과일이 잘 익었는지를 알 수 있을 것이라고 생각했지만 소리를 듣고 과일이 익었는지를 안다는 것은 과학적 근거가 없다는 것이 밝혀졌다.

그런데도 남녀노소를 불문하고 멜론을 사기 전에는 반드시 두드려본다. 그 사실을 알고 있던 점원이 사람들의 태도를 유심히 바라보다가 멜론을 두드리는 할아버지에게 다가가서 물어보았다. 두드린다고 잘 익은 것을 알 수 있는 것도 아닌데 왜 멜론을 두드리냐고. 점원의 질문에 할아버지가 대답하였다.

"나는 사십 년 동안이나 멜론을 살 때마다 그렇게 해왔는데, 나만 그런게 아니야. 다들 그렇게 하잖아! 내가 멜론을 두들겨보지도 않고 덥석 집어서 바구니에 넣으면 사람들이 어떻게 생각하겠어? 아마도 정신 나간 노인네로 생각할 거야! 두들기는 게 나쁜 짓도 아니고, 굳이 사람들에게 이상한 사람 취급 받을 필요는 없잖아!"

"남들이 하니까 나도 한다"는 말은 생각 없이 남을 따라하는 사람들을 책망하는 말로 사용되었다. 그러나 남들이 부러워서가 아니라 조화를 이루기 위해 해주는 것이라면 그 의미는 달라질 수 있다.

때로 지나치게 고집을 피우는 사람들이 "다들 그렇게 한다고 해서 나도 그럴 수는 없어요!"라는 말을 사용한다. 조화를 이루어 살아가야 한다는 어른들의 말씀을 듣지 않고 자기 맘대로 살고자 하는 젊은 사람들이 반항할 때 사용하는 말이다.

이 두 말은 정반대의 의미를 가진 것 같지만 고집을 부린다는 현실적인 상황에서는 같은 목적으로 사용되는 말이다. 말리는 사람의 말을 듣지 않고 자기 마음대로 하겠다는 의사 표현이다. 정반대되는 말이 같은 목적을 위해 사용되고 있다. 그러므로 중요한 것은 말과 행동의 내용이 아니라 그것이 어떤 목적으로 사용되느냐이다.

수박을 사기 전에 두드려보는 사람에게 "그거 쓸데없는 짓이에요!"라고 하는 것보다 같이 두드려주는 것이 더 나은 행동이다. 남이 웃으면 따라서 웃어주고, 박수치면 같이 쳐주고, 산으로 가자면 산으로 가고 바다로 가자면 바다로 가주는 것이 조화로운 삶을 위해 더 나은 태도이다.

혼자 있을 때는 무얼 해도 상관없다. 과학적이고, 효과적이고, 경제적인 방법들을 마음대로 사용해도 된다. 아무와도 갈등을 일으키지 않을 것이기 때문이다. 그러나 사람들과 함께 있을 때라면 물리적인 손실을 내는 것이나 나쁜 짓만 아니라면 남들이 하는 대로 따라가주는 것이 낫다.

함께 살아가기 위해서 정말 중요한 것은 바른 방법과 옳고 그름의 문제보다는 누구 중심으로 세상을 바라보느냐이다. 나 중심이면 선한 일로도 싸움이 날 것이고, 진리와 정의로도 남을 죽이게 될 것이다. 그러나 나 하나가 아닌 남들을 가치의 중심에 함께 배치할 수 있다면 합리적이지 않은 방법으로도 선한 결과를 얻을 수 있고, 부족한 지식과 작은 능력으로도 많은 사람을 유익하게 하고 행복하게 할 수 있을 것이다.

교만은 못난 것의 외적 표현이다

정말 잘난 사람은 교만하지 않다. 잘나지 못했기 때문에 교만한 것이다. 교만한 사람은 자기 스스로 잘난 사람이 아님을 드러내고 있는 것이다. 교만이 나쁜 태도라는 것을 알고 있다면 어떻게 교만할 수 있는가? 모르기 때문에 그렇게 행동하는 것이다. 못난 사람만 교만할 수 있다.

당신보다 내가 잘났다는 생각으로 말하고 행동하는 것은 모두 교만이 된다. 교만으로 인해 사람 사이에 갈등과 문제와 사고가 발생한다. 내가 옳다고, 내 말이 맞다고 상대를 향해 큰소리치는 순간 그는 틀린 태도를 취하고 있는 것이다. 논리적으로 혹은 이론적으로는 맞을 수 있다. 그러나 인격적으로, 양심적으로, 인간적으로는 맞지 않다.

　나의 작은 생각을 버리고 성자의 큰 생각을 품는 것, 나의 작은 눈을 버리고 성자의 눈으로 세상을 보는 것, 자기중심에서 우리 중심으로, 우리 중심에서 세계 중심으로 중심을 이동하는 것이 교만을 벗고 겸손을 입는 비결이다.

교만이란

교만은 자기중심에서 나오는 생각과 태도, 눈빛과 표현이다.

먼저 먹으려는 것, 특별 대접받으려는 것,

좋은 자리 차지하려는 것, 자기 맘대로 하려는 것은

교만에서 비롯된다.

무시하는 눈빛, 뿌리치는 손짓,

몰인정한 태도, 큰소리치는 말투, 경멸의 표정, 교만한 태도는

깊은 내면에 심겨 있는 자기가 최고라는 인식,

자기밖에 모르는 이기심에 의해 만들어진다.

혼자 판단하고, 혼자 결정하는 것은 교만한 방종이다.

둘이 사는 사람은 둘에 한 번,

넷이 사는 사람은 넷에 한 번만 결정하고,

열 명이 어울려 살면 자기 생각대로 결정할 것은 꿈도 꾸지 마라.

나를 위해 남을 이용하는 것은 교만이고,

남을 위해 나를 쓰고 나를 조절하는 것이 겸손이다.

인사하지 않는 것은 교만이고, 먼저 인사하는 것이 겸손이다.

인사할 만한 사람에게 인사하는 것은

겸손이 아니라 당연한 질서이다.

인사 안 해도 될 사람에게 고개를 숙이는 것이 겸손이다.

나 중심이면 선한 일로도 싸움이 나고,

진리와 정의로도 남을 죽이게 된다.

당신보다 내가 낫다는 생각을 통해 모든 문제와 갈등이 발생한다.

내가 옳다고, 내 말이 맞는다고 말하는 순간

나는 틀린 말을 하고 있는 것이다.

이론적으로는 맞을 수 있으나

인격적으로는 합당하지 않다.

나 혼자라면 무얼 하든, 어떻게 살든 상관없다.

과학적이고, 효과적이고, 경제적인 건

혼자 있을 때 얼마든지 하라.

그러나 누군가와 함께 있을 땐 그를 위해

나쁜 짓만 아니면 함께하라.

교만은 바른 방법, 옳고 그름의 문제가 아니라

누구 중심이냐의 문제이다.

9 chapter ♥ 겸손함으로 채움

아주 많은 사람들을 싸우게 하는 말은 "내 말이 맞잖아!" 입니다.

맞는 말 때문에 싸움과 다툼과 전쟁이 일어납니다.

"내 말이 틀리잖아!" 하며 싸우는 사람은 한 명도 없습니다.

사랑이 없는 지식은 교만의 재료가 되고

사랑이 없는 정의는 사람을 죽이는 무기와 칼이 됩니다.

많이 아는 만큼 사랑을 갖지 못하면

그 지식은 사람을 무시하는 비인간적 도구가 되고,

정의로운 만큼 사랑할 수 없으면

그 정의는 전쟁의 원인이 될 뿐입니다.

겸손은 사랑이고 미움은 교만입니다.

사랑은 어리석은 것과 답답한 것, 부족한 것과 모자라는 것에

화를 내지 않습니다.

겸손한 사랑은 그 모든 것을 이해하고

작고 못생기고 화려하지 않은 것들 위에

고귀함을 가득 채워줍니다.

한 교수가 세계청각장애인대회에 농아인 친척 아이를 참석시키기 위해 함께 미국을 방문하기로 하였다. 미국에 갈 기회가 없었던 교수의 가족들도 이번 기회에 관광이나 해야겠다며 따라나섰다.

교수는 아이를 위해 수화를 번역하고 여행 수속도 해주었다. 세계대회가 열리는 곳 가까이에는 갈로데 대학교가 있었다. 청각 장애인만 다닐 수 있는 대학교로서 세계에서 하나뿐인 곳이었다.

교수는 아이에게 갈로데 대학을 설명해주고 가보고 싶냐고 물어보았다. 아이는 여기까지 왔으니 가보고 싶다고 하였고, 혼자 보낼 수 없어서 모든 가족이 함께 방문하기로 하였다.

교수와 가족들은 어차피 이번 여행이 아이를 위한 것이었기에 불평하는 기색이나 힘든 표정을 보이지 않았다. 하지만 아이는 자신으로 인해 다른 사람들이 더 좋은 곳을 구경하지 못하는 것이 미안했고, 어디를 가든 자신을 대신해서 통역하고 말해주는 수고를 보며 기가 죽은 상태였다.

그런데 갈로데 대학을 둘러보기 위해 정문을 들어서자 모든 상황이 일시에 역전되었다. 정문의 안내인에서부터 시작하여 만나는 모든 사람이 수화만을 사용하였다. 가족들 중에 미국인의 수화를 이해하는 사람은 아이 한 명뿐이었다.

항상 제일 뒤에서 고개를 숙인 채 미안한 표정으로 따라다니던 아이는 갈로데 대학교에 들어서면서부터 가장 앞에 서게 되었다. 만나는 사람들은 모두 수화를 사용했기에 교수의 유창한 영어 실력도 아무 소용이 없었다. 그저 아이의 뒤를 졸졸 따라다녀야 하는 신세가 되었다.

가장 앞에서 만나는 사람들과 수화로 인사를 나누고 대학교 구석구석을 다니며 강의실, 박물관, 매점, 식당까지 모든 의사소통이 수화로만 이루어지자 아이의 눈빛이 점점 초롱초롱해졌다. 억눌려 있던 기가 살아나더니 결국 익숙지 않은 무리를 이끄는 대장으로서의 모습이 나타나더니 당당하고 떳떳한 지도자가 되었다. 갈로데 대학교 안에서 일행은 기가 죽은 모습으로 아이의 뒤를 졸졸 따라다녀야 했고, 아이는 정상인이 되어서 당당하게 앞서 걷는 사람이 되었다.

지식은 교만이다

교수는 그동안 정상인들이 얼마나 많은 특권과 권력을 누리며 살았는지 그곳에서 비로소 깨달을 수 있었다. 언어소통이 되지 않는 농아의 기죽고 소심한 표정과 태도가 원래 그런 것인 줄 알았는데 상황이 역전되자 전혀 그렇지 않았다. 의사소통을 할 수 없게 되자 일반인 역시 자연스럽게 기가 죽고 남의 뒤를 따라다니며 매달릴 수밖에 없었던 것이다.

사람이 가진 모든 지식은 사람을 교만하게 한다. 한 개의 지식을 가지면 한 번 교만하고 열 개의 지식을 가지면 열 번 교만해진다. 그러므로 한 개의 지식을 갖게 되면 한 번 교만하지 않도록 의도적으로 절제해야 하고, 지식이 많아질수록 같은 수준으로 겸손을 갖추어야 한다.

지식은 교만하게 하며 사랑은 덕을 세우나니 고린도전서 8:1

지식은 교만의 재료가 되는 동시에 권력이 되기도 한다. 인간은 겨자 씨만 한 권력이라도 갖게 되면 그만큼 거만해진다. 아주 작은 권력이라도 그것을 최대로 휘두르려고 하는 것이 인간의 모습이다.

일자리를 찾는 사람들은 써주기만 해도 감사하다고 하지만 막상 일을 시작하게 되면 너무 부려먹는다고 불평하고, 일하는 만큼 대우를 해주지 않는다며 게으름을 피우게 된다. 위치가 없던 사람이 자신의 위치를 갖게 되면 그 위치가 가지고 있는 권력을 마지막 순간까지 써먹으려 한다. 아쉬운 사람에게는 매달리고 불쌍한 사람에게는 호통 치는 것이 권력의 모습이다.

남보다 하나를 더 아는 사람의 태도를 보라. 그가 얼마나 당당하고 위협적이고 거만한 태도를 가졌는지. 그것이 지식이 주는 권력이며, 그 권력에 휘둘리는 사람의 모습이다.

173

1,500원짜리 국밥,
1,500원어치 권력

낙원상가 근처에 1,500원짜리 국밥집이 있다. 서울 노인들은 물론이고 경기도 노인까지 다 모인다는 탑골공원 뒤에 있어서 손님도 노인들이 많았다. 그리고 1,500원짜리 치고는 음식이 맛나서 점심시간이 훨씬 지났는데도 식당에는 빈자리가 없을 정도였다.

2인용과 4인용 테이블이 여섯 개쯤 놓인 넓지 않은 공간이라 주인은 일행이 아니어도 빈자리가 생기면 같이 앉아서 식사를 하도록 했다. 가격이 워낙 싸고 자리가 부족했기에 아무도 불평하지 않았다.

3분 정도 후 빈자리가 생겨서 앉으니 바로 국과 밥과 김치가 나왔다. 한 테이블에서 먹기는 하지만 각각 따로 들어온 손님이기에 반찬은 개인별로 차려주었다. 서울 한복판에서 1,500원으로 한 끼를 해결할 수 있다는 것이 신기했다.

국밥은 오래 끓였는지 국물이 진하고 구수했다. 앞 사람의 음식이 담긴 쟁반에 국물이 튀지 않도록 조심해서 밥을 국에 말고는 서 있는 사람들을 위해 빨리 먹고 일어서야겠다는 생각이 들었다.

"이거 서비스가 왜 이래?"

국그릇에 고개를 파묻고 밥을 먹던 사람들과 문 앞에서 기다리던 사람들의 고개가 소리 나는 쪽으로 모아졌다. 노인 한 분이 자기 앞자리에 모르는 사람이 앉자 주인을 향해 소리를 지른 것이다. 국을 휘젓던 주인이 달려와서 미안하다며 손님들이 워낙 많으니 이해해달라고 부탁했다. 그러나 노인은 계속 소리를 질렀다.

"손님은 왕이야! 이렇게 해선 안 되지!"

"기다리는 분이 워낙 많아서 그래요!"

"그렇다고 이렇게 사람을 무시해?"

"무시하는 게 아니라 빨리 드시게 하려다보니……."

"빨리 먹는 게 뭐가 중요해! 마음 편하게 식사를 해야지!"

김치가 말랐다, 국에서 김이 안 난다, 양이 작다, 빨리 치워라, 식탁이 얼룩졌다 등등, 노인은 점점 소리를 키우며 불평해댔고, 바쁜 주인은 국밥을 푸느라고 왔다갔다하며 난처한 표정으로 응대하고 있었다. 아마도 밥을 다 먹고 나갈 때까지 노인의 불평은 계속될 것 같았다. 식당 안에 있던 사람들은 모두 꼴사납다는 표정으로 노인을 힐끔힐끔 쳐다보았다.

계속해서 큰소리로 형편없는 식당이다, 음식에 정성이 없다, 반찬이 맛이 없다고 떠들고 있는데 구석에 앉아 조용히 국밥을 먹던 다른 노인이 소리를 질렀다.

"야! 이 망할 노인네야, 조용히 좀 해! 나잇살이나 먹어가지고 뭣하는 짓이야! 겨우 천오백 원짜리 먹으러 온 주제에 자기 꼴을 알아야지! 서울 한복판에서 이런 음식 파는 것만 해도 고맙지! 무슨 서비스 타령이야! 그렇게 서비스 받고 싶으면 비싼 식당으로 가면 될 것 아냐! 옆에 가서 오만 원짜리 탕 시켜 먹어. 거기서는 원하는 거 다 해줄 거야!"

밥을 먹던 사람들은 '큰 싸움이 나겠구나' 라는 생각에 두 사람의 눈치를 살피는데 의외로 불평하던 노인은 할 말을 잃었는지 입을 닫고 국밥만

떠먹고 있었다. 식당은 다시 숟가락이 밥그릇에 부딪치는 소리와 먹고 일어나는 사람들과 다시 그 자리에 앉는 사람들의 의자 끄는 소리, 국밥집 주인의 쟁반 내려놓는 소리로 가득 채워졌다.

불평하던 노인은 천오백 원짜리 국밥을 먹으면서 그만큼의 권력을 누리고 싶었다. 손님이라는 위치가 주는 권력을 휘두르고 싶었다. 그의 위치가 주는 권력이 자본사회에서는 거부할 수 없는 것임은 부인할 수 없다. 다만 그 권력을 새롭게 해석할 수 있는 사람에 의해서 그의 권력은 조절될 수 있다. 새로운 해석자는 자본의 권력보다 조금 더 힘이 있는 상식과 도덕의 권력을 가진, 그보다 나이 많은 사람뿐이다.

사람은 쥐꼬리만 한 힘이라도 있으면 그 힘을 최대한 써먹으려는 본능을 가지고 있다. 교육과 양심에 의해서 조절하는 능력을 기르지 못하면 지독히도 권력 지향형 삶을 살아가게 된다. 그러한 것은 어린아이들과 무식한 사람들의 힘겨루기를 보면 쉽게 알 수 있다.

노인이 보여준 고객으로서의 횡포는 1,500원이었기에 그 정도에서 그칠 수 있었다. 만일 만 원이나 10만 원 정도의 식사였다면 노인의 불평은 정당한 요구가 되었을 것이고 주위에서 식사를 하던 사람들도 노인의 편을 들었을지도 모른다.

물건을 사는 사람은 파는 사람에게 손님이라는 권력을 부린다. 대형업체의 서비스센터 직원들은 거의 일방적으로 욕을 먹는 자리이다. 상식적으로는 말도 안 되는 반품과 보상, 위자료 청구에 시달린다. 예전에는 그렇게 무리한 요구를 하는 사람들이 많지 않았다. 그러나 소비자에게 권리가 있다는 여론에 의해 손님으로서의 위치의식과 소비지식을 알게 되면서부터 그 지식을 누리려는 사람들이 많아졌다.

사람은 하나를 알면 하나만큼 교만하고 둘을 알면 둘만큼 교만해진다. 아는 만큼 겸손을 함께 배우지 못하면 교만을 향해 달려가게 된다. 그리고 결국 교만의 나락으로 추락하고 만다.

정답만을 이야기하는 것은 진정한 정답이 아니다. 정답과 함께 겸손의 태도를 가져야 한다. 그것이 진정한 정답이다. 사람들 사이에서 일어나는 대부분의 싸움은 틀린 답 때문이 아니다. 정답 때문에 싸움이 일어난다. 맞는 말이기는 한데 교만한 태도 때문에 수긍하고 싶지 않아 발끈한다. 모든 싸움은 자기가 옳은 말을 하고 있다는 인식 때문에 일어난다. 거칠게 싸우는 사람들의 소리를 들어보라. 다 똑같은 말을 하며 싸우는 것을 발견할 수 있다.

"내 말이 맞잖아!"

맞는 말 때문에 싸움과 다툼과 전쟁이 일어난다. "내 말이 틀리잖아!" 하며 싸우는 사람은 한 명도 없다.

교만은 지식의 부작용이다

피조물 중에 교만할 수 있는 존재는 사람뿐이다. 교만한 인간은 있어도 교만한 짐승은 없다. 어떤 짐승도 생긴 것으로 다른 존재를 무시하지 않는다. 먹을 것을 더 가졌다고 굶주린 짐승을 깔보지 않고, 작고 못났다고 비웃지도 않는다. 힘 없다고 무시하지도 않고 무능하다고 조롱하지도 않는다.

하늘을 나는 새라고 바닥을 기는 들쥐를 하찮게 여기지 않고, 빨리 달린다고 느린 것을 욕하지도 않는다. 그저 빠른 것은 빨리 가고 느린 것은 느리게 가고, 나는 것은 날아가고 기는 것은 기어갈 뿐이다. 짐승들에게는 그 이상도 이하도 없다.

그러나 인간은 아주 작은 차이를 가지고도 얼마나 남을 무시하고 비난하고 외면하는지 이루 말할 수 없을 정도이다. 남보다 노래를 조금 더 잘한다는 것, 하나 더 안다는 것, 최신 기술 하나를 더 가졌다는 것, 신제품을 가졌다는 것으로 얼마나 눈꼴신 행동을 하는지.

교만은 지식의 부작용이다. 사람은 지식을 가질 수 있는 유일한 존재인 동시에 교만할 수 있는 유일한 존재이다. 최고의 지성을 가질 수 있는 인간은 겸손을 배우지 못하면 마귀처럼 교만해져서 히틀러처럼 악마 같은 존재가 될 수 있다.

교만하지 않은 지성을 소유하는 것이 지식의 궁극적 목표이다. 많이 아는 만큼 교만하고 알면 알수록 약아지는 것이 아닌, 아는 만큼 착하고 순수해지는 것, 하나를 알면 한 번 고개를 숙이고, 둘을 알면 두 번 고개를 숙이는 것이 참된 지성의 모습이다.

모르는 사람에게도 고개를 숙일 줄 알고, 비전문가의 말에도 귀를 기울이고, 노인과 아이의 말에 담긴 진리를 경청하고, 짖어대는 개소리에 담긴 뜻을 들을 줄 아는 지성이 참된 지성이다.

　사랑이 없는 지식은 교만의 재료가 되고 사랑이 없는 정의는 사람을 죽이는 무기가 된다. 많이 아는 만큼 사랑을 갖지 못하면 그 지식은 사람을 무시하는 비인간적 지식이 되고, 정의로운 만큼 사랑할 수 없으면 그 정의는 전쟁의 원인이 될 뿐이다.

위자료
수지타산

　바람둥이 큰아들이 새로 애인을 사귄다고 하더니 얼마 지나지 않아 근심이 가득한 표정으로 아버지를 찾아왔다. 그는 헤어지기로 했는데 위자료를 지급해야 한다고 했다. 아버지는 결혼도 하지 않은 사이에 무슨 위자료냐며 당치 않다고 하였다. 하지만 아들은 위자료를 주지 않으면 고소를 당해서 더 많은 벌금을 내야 할 것이라고 말했다.

　"세상 어떤 나라도 연애하다 헤어진 여자가 고소한다고 벌금을 내라고 하지는 않는다"며 완고하게 거절하던 아버지는 "아이를 가졌어요!"라는 아들의 한마디에 한숨을 쉬며 이천 만원을 위자료로 내주었다.

　얼마 지나지 않아서 착한 둘째 아들이 근심 가득한 표정으로 아버지를 찾아왔다.

　"무슨 일이냐?"

"문제가 생겼어요!"

"무슨 문제? 너도 형처럼 위자료를 물어줄 문제는 아니겠지?"

"착한 여잔 줄 알았죠! 그런데 아이를 갖더니 딴 사람이 되더라고요!"

"결혼하면 될 것 아냐!"

"그런 여자와 한평생 사는 것보단 위자료를 주는 게 나을 것 같아요!"

"얼마나 줘야 하는데?"

"삼천만 원이면 용서해주겠대요."

두 아들로 인해 오천만 원이나 위자료를 물어주어야 했던 아버지의 화가 가라앉지도 않은 상황에서 하나뿐인 딸이 아버지를 찾아왔다.

"무슨 일이냐?"

딸은 한참을 망설이더니 아버지에게 사실을 이야기했다.

"사랑하는 사람의 아이를 가졌어요! 용서해주세요!"

완고한 아버지가 불같이 화를 낼 것이라고 생각했는데 의외로 아버지는 환한 미소를 지으며 딸의 어깨에 손을 얹고 친절하게 대답했다.

"오호! 이제야 적자를 면하는구나! 그래, 너는 얼마를 받을 생각이냐?"

물질이 교만을 부추긴다

두 아들을 통해 물리적인 손실을 입은 아버지는 딸의 이야기를 듣고도 딸의 인생을 염려하는 대신 손해 본 물질에 대한 수지타산에 매달린다.

물질이 사람의 마음을 조종하고 가치관을 재설정하고 영혼을 뒤흔든다. 있는 사람과 없는 사람의 차이가 표정과 태도에 나타난다. 지갑이 두둑한 남자와 텅 빈 남자의 말이 다르고, 드럼 세탁기를 가진 주부와 갖지 못한 주부의 눈빛이 다르다.

"무거운 빨래를 어떻게 위로 꺼내니? 앞으로 잡아당겨야지!"

"아직도 얼음을 냉장고에 얼려 먹나? 세균 가득한 손으로 얼음을 집으면 안 되지?"

드럼 세탁기와 얼음 정수기를 새로 장만한 주부의 말이다. 그러자 다른 주부들은 그녀를 무척 부러워했다.

과연 신형 세탁기 하나, 신제품 정수기 하나를 가진 것이 그렇게 대단한 일일까? 그 물건 하나가 사람의 인격을 한층 높여주는 것일까? 그렇지 않다는 것은 모든 사람이 다 알고 있다. 그런데도 우리는 그런 물건 하나로 얼마나 교만한 태도를 갖게 되는가!

아는 사람들과 바다낚시를 간 적이 있다. 20미터 이상 풀려나간 낚싯바늘에 고기가 잡히면 낚싯대를 들어올렸다가 내리면서 빨리 줄을 감아야 한다. 힘이 좋은 물고기가 잡히면 낚싯줄을 감는 것은 쉬운 일이 아니다.

그런데 그 힘든 일을 아주 쉽게 하는 사람들이 있었다. 자동 낚싯대를 가진 사람들이었다. 소형 모터가 달린 릴의 스위치만 누르면 손쉽게 낚싯줄이 감겼다. 속도도 빨라서 얼마나 편하고 여유롭게 낚시를 즐기는지…… 그리고 옆에서 힘들게 낚싯줄을 감아올리는 사람들을 얼마나 측은하게 바라보는지.

그 모습을 본 일행 중 한 사람이 돌아오자마자 50만원이나 하는 전동 낚싯대를 구입했다. 그리고는 얼마나 자랑스러워하는지. 하지만 그후로 함께 낚시를 하러 가지는 못했다.

전동 낚싯대 하나 있는 것이 사람을 얼마나 교만하게 만들고 그것을 갖지 못한 사람은 얼마나 스스로를 초라하게 생각하는지 바다낚시를 해본 사람은 누구라도 실감할 것이다.

하나를 더 가지면 하나만큼 교만하려는 것이 사람의 본성이다. 지식이 사람을 교만하게 하듯 물질도 사람을 교만하게 한다. 지식이 교만의 요소가 되지 않도록 조절해야 하듯 물질도 교만의 재료가 되지 않도록 관리해야 한다. 물질이 자신의 자리를 떠나 영혼의 자리를 차지하지 못하도록 물질을 향해 지나친 대접을 하지 마라. 사람이 물질을 통제하지 못하면 물질이 사람을 통제하게 될 것이다.

낚시는 실력이 아니다. 그냥 걸려서 나오는 것일 뿐이다. 큰 게 걸리기도 하고 작은 게 걸리기도 한다. 고기 대신 신발도 걸리고 깡통도 걸리고 잡초도 걸려나오고 누군가 잃어버린 시계도 걸려나온다.

진정한 낚시꾼은 자신이 잡은 고기로 인해 교만해지지 않는다. 실력으로 되는 것이 아니라는 것을 알고 있기 때문이다. 낚싯대가 좋다고 고기가 잘 무는 것도 아니고, 바늘 모양이 좋거나 줄이 튼튼하다고 잘 잡히는 것도 아니다.

때로 인생도 낚시와 비슷하다. 실력으로 잘사는 것이 아니다. 무슨 일이 일어날지, 무엇을 얻게 될지, 무엇을 잃게 될지 알 수 없다. 인생 가운데 일어나는 사건들이 어떤 의미를 가지고 있는지 알 수 없을 때도 있다. 그러므로 인생은 교만해서도 안 되고 열등감에 빠질 필요도 없다.

교만에
취하지 마라

사거리 코너에 양쪽 모퉁이에 문이 있는 카페가 있었다. 밤 늦은 시각에 잔뜩 취해서 제대로 걷지도 못하는 손님이 문을 열고 들어왔다. 손님은 칵테일을 만들고 있는 웨이터 앞까지 비틀거리며 걸어오더니 자리를 잡고 술을 주문하였다. 더 이상 술을 먹으면 집으로 돌아갈 수도 없겠다고 생각한 웨이터는 정중한 어조로 취한 분에게는 술을 팔지 않는다고 말했다.

그러자 손님은 잠시 앉아 있더니 조용히 일어나서 들어왔던 문으로 나갔다. 웨이터가 큰 고비를 잘 넘겼다고 생각하고 있는데 반대편 문이 활짝 열리면서 조금 전에 나간 손님이 다시 들어왔다. 잠시 입구에 서서 두리번거리던 손님은 역시 웨이터가 있는 곳으로 다가와서는 술을 달라고 하였다.

웨이터는 술 대신 따끈한 커피를 내주면서 술을 줄 수 없는 이유를 다시 설명하였다.

"조금 전에 오셨을 때 말씀드린 것처럼 취하신 분에게는 술을 드릴 수 없습니다. 영업 규칙이라 어쩔 수가 없습니다."

"그래? 그렇다면 할 수 없지. 커피나 마시고 다른 곳으로 갈 수밖에!"

자리에서 일어나는 손님이 비틀거리자 웨이터는 그를 부축해서 문 앞까지 데려다주고 잘 가라는 인사까지 했다.

같은 사람에게 두 번씩이나 거절하는 것이 쉬운 일은 아니었지만 그렇게 하지 않으면 더 어려운 상황에 처하게 될 것을 알기에 웨이터는 조금 전보다 더 큰 안도의 한숨을 쉬었다. 웨이터가 다시 자기 자리로 돌아가서 일을 시작하려는 순간 반대편 문이 열리며 방금 나간 손님이 다시 들어왔다.

일부러 계속 들어오는 듯한 느낌이 들자 웨이터가 단단히 마음을 먹고 다시 손님을 맞이했다.

"손님, 죄송합니다. 누누이 말씀드리지만 이미 취해서 들어오시는 분들에게는 술을 드릴 수 없습니다. 저는 종업원이기 때문에 규칙을 지킬 수밖에 없다는 것을 이해해주셨으면 합니다. 대신 따뜻한 국물을 서비스로 드리겠습니다. 천천히 드시고 오늘은 이만 집으로 돌아가시는 게 좋으실 것 같습니다."

그러자 힘없이 고개를 숙이고 있던 손님이 천천히 고개를 들고 웨이터를 바라보며 대답했다.

"도대체 당신은 몇 군데서 일을 하고 있는 거요? 가는 곳마다 당신이 술을 팔고 있으니, 이 동네 카페는 다 연결되어 있는 건가? 오늘 술 먹기는 글렀어! 집에나 가야지!"

술에 취하면 사물을 알아보지 못하고 사람도 제대로 알아보지 못하는 것처럼 교만에 취하면 술 취한 것과 같은 현상이 일어난다. 사람을 알아보지 못하고, 사물과 사건에 대한 인식도 정상적이지 않다. 술 취한 사람이 모퉁이 카페의 양쪽 문으로 계속 드나들며 다른 집으로 가는 것으로 생각하듯 교만에 취한 사람은 발전도 없고 성숙도 없이 계속해서 제자리를 맴도는 삶을 살게 된다.

교만한 사람이 보여주는 행동과 태도는 술 취해서 거리를 방황하는 사람과 같다. 자신은 맞는 이야기를 하고 바른 자세를 취하고 똑바로 걷고 있다고 생각하지만, 엉뚱한 이야기에 빠져 있고 삐딱한 자세로 비틀거리며 걷고 있다.

물질에 취하면 마음을 빼앗기게 된다. 물질에 마음을 빼앗기면 바늘 하나에도 교만하게 되고 동전 하나에도 좌절하게 된다. 마음으로 물질을 다스리지 못하면 마음은 물질의 다스림을 받게 될 것이다. 있거나 없거나, 좋거나 나쁘거나, 새것이나 오래된 것이나 어떤 것에도 마음을 빼앗겨서는 안 된다.

크기와 모양과 색깔과 교만

큰 사람은 작은 사람보다 평균적으로 교만하다. 그는 버티고 서 있기만 해도 건방지다. 큰 사람이 어깨를 구부린 채 허리에 손을 올리면 자세만으로도 위협적이다. 작은 사람이 열등감을 가질 만한 신체적 특징을 타고났다면 큰 사람은 교만할 수밖에 없는 신체적 특징을 타고났다.

작은 사람은 타고난 열등감을 벗기 위해 실력과 정신력을 키워야 하고 큰 사람은 타고난 교만을 버리기 위해 특별히 겸손한 마음과 태도를 배워야 한다. 작은 사람이 버티고 서 있으면 귀엽다는 말을 듣지만 큰 사람은 건방지다는 오해를 받는다. 큰 사람은 작은 사람과 달리 더 겸손해야 한다. 그것이 큰 사람에게 내려진 의무이다.

얼굴이 하얀 사람은 까만 사람보다 교만하다. 그는 얼굴을 똑바로 들기만 해도 도도하다는 말을 듣는다. 그러므로 하얀 얼굴을 가진 사람은 까만 얼굴을 가진 사람보다 겸손하게 얼굴 드는 연습을 해야 한다.

윗사람에게 고개를 숙이는 것은 겸손이 아니다. 그것은 질서다. 질서를 안 지키면 사람이라고 할 수 없다. 질서는 누구라도 지켜야 하는 것이다. 아랫사람에게 고개를 숙이는 것이 겸손이다. 아는 사람이 모르는 사람에게, 잘난 사람이 못난 사람에게 인사하고 허리를 숙이는 것이 겸손이다.

아는 사람, 있는 사람, 잘난 사람, 모양 좋은 사람은 그렇지 않은 사람보다 교만의 유혹에 쉽게 빠질 수 있다. 교만은 없는 사람보다 있는 사람 사이에서, 화려한 색깔 사이에서 더 활동적이기 때문이다.

겸손은 사랑이고 미움은 교만이다. 사랑은 어리석은 것과 답답한 것, 부족한 것과 모자라는 것에 화를 내지 않는다. 겸손한 사랑은 그 모든 것을 이해하고 작고 못생기고 화려하지 않은 것들을 품에 안는다.

교만

사람은 하나를 알면 하나만큼 교만하고,
둘을 알면 둘만큼 교만하다.
아는 만큼 겸손을 배우지 못하면
교만의 나락으로 추락한다.
하나를 배울 때 한 번 겸손을 더해야 한다.
정답만을 말하는 것은 정답이 아니다.
겸손과 함께해야 정답이다.
모르는 것보다 아는 것 때문에,
틀린 것보다 정답 때문에 싸움이 일어난다.

사랑이 없는 지식, 사랑이 없는 진리와 정의는
사람을 죽이는 무기가 된다.
낚싯대가 좋아서 낚시를 잘하는 것이 아니고,
실력이 있어서 일이 잘 풀리는 것이 아니다.
어쩌다 걸려나오고, 어쩌다 잘 풀리는 것이다.
물질에 마음을 빼앗기면 바늘 하나에도 교만하다.
마음으로 물질을 다스려라.

아는 사람, 있는 사람, 잘난 사람, 모양 좋은 사람은

교만의 유혹에 빠지지 않도록 특별히 겸손을 연습해야 한다.

교만에 취한 사람은 술 취한 사람과 같다.
맞는 이야기를 하고 맞는 행동을 한다고 생각하지만
그는 실수를 저지르고 있다.
교만은 발전도 없고 성숙도 없다.
쓸데없는 짓으로 시간만 낭비할 뿐이다.

10chapter ♥ 예의와 평화로 채움

정말 사랑한다면 도리와 예의와 인간성을 심어주어야 합니다.

정말 좋은 사람이라면 더 잘해야 합니다.

아플 때도, 정신없을 때도, 바쁠 때도

질서를 깨뜨려서는 안 됩니다.

사랑은 질서 속에 있기 때문입니다.

무질서는 사랑이 아닙니다.

질서가 무너지면 사랑이 쓰러지고 미움이 일어섭니다.

정말 예의가 필요할 때는 예의 없는 사람을 만났을 때입니다.

버릇없는 사람을 만났을 때 더 깍듯한 태도를 취해야 합니다.

예의와 예의가 만나면 완전한 평화,

예의와 무례가 만나면 불안한 평화,

무례와 무례가 만나면 사고와 전쟁이 일어납니다.

한쪽에서라도 예의를 갖추면 사고는 일어나지 않습니다.

무례한 사람들 사이에 예의를 채우지 않으면

세상은 점점 버릇없는 모양이 될 것입니다.

잔디밭
경고

군부대로 들어가는 진입로 옆에 잔디가 심겨 있었다. 길이 좁기 때문에 천천히 가지 않으면 길을 벗어나 잔디밭으로 들어가게 되고 기껏 가꾸어놓은 잔디는 자동차 바퀴에 짓밟히게 된다. 부대로 가는 길은 좁은데도 납품하는 대형 차량들이 많이 다니기 때문에 큰 차들의 바퀴 때문에 잔디가 성할 날이 별로 없었다.

병사들은 늘 잔디를 새로 심고 '잔디밭에 들어가지 마시오'라고 적은 팻말을 세워 운전자들이 잘 볼 수 있게 배치한다. 하지만 하루만 지나면 새로 깔아놓은 잔디엔 타이어 자국이 선명하게 나 있고, 팻말은 진흙탕 속에 처박힌 신세가 된다.

늘 그런 과정이 반복될 수밖에 없을 것 같았는데 언젠가부터 차들이 조심스럽게 지나다니기 시작했고, 길가의 잔디는 바퀴 자국이 하나도 나지 않은 채 무럭무럭 성장하고 있었다. 무엇이 이런 변화를 일으켰을까?

차를 몰고 중간쯤 들어서면 급하게 휘어진 길이 있는 데 그곳은 누구라도 속도를 줄여야만 하는 곳이었다. 그 모서리에 팻말이 하나 세워져 있었는데, 거기에 운전자들이 결코 잔디밭을 밟고 지나갈 수 없을 말이 적혀 있었다.

'위험! 잔디밭 가장자리에 지뢰가 묻혀 있음.'

점잖은 말이
통하지 않는 시대

현대는 좋게 이야기해서는 통하지 않는 시대다. 인상을 쓰고, 소리치고, 광고라도 하듯 불평을 당당하게 드러내야 관심을 갖는 시대다. 버릇없고, 함부로 말하고 거칠게 행동하는 사람들이 시대의 표준이 된 듯하다. 청소년들의 대화에는 당연히 욕이 들어가야 하고, 영화와 드라마에서 욕을 잘해야 연기를 잘하는 사람으로 대접받는다.

영화의 세계에서는 이미 건달의 인기가 최고조에 달해 있고, 젊은이들은 무지막지한 힘과 권력을 휘두르는 폭력배들을 부러움의 대상으로 바라본다. 이기면 대접받고, 지면 무시당하고, 잘못하고도 큰소리치는 것을 정당하게 생각한다.

범죄자를 보호하고 피해자를 심문하는 형사법도 있지만 복수와 재범을 막지 못하는 사회적 구조가 형성되어 있다. 수단과 방법은 인정받지 못하고 결과만 인정받는 모습들이 사회 곳곳에 만연해 있다.

지금 우리가 사는 시대는 버릇없는 시대, 사랑이 없는 시대가 되어가고 있다. 협박은 기본이고, 죽을 만큼 겁을 줘야 겨우 말을 듣는 정도가 되었다. 세상이 이렇게 험악해진 이유는 기성세대가 자라나는 세대를 버릇없이 키웠기 때문이다. 귀하다고 예의와 범절을 가르치지 않았는데 그 자녀들이 성장해서 귀엽고 예의 없는 것들이 되었다. 생긴 것은 귀공자인데 말이나 행동은 밤거리의 건달 같은 아이들이 된 것이다.

귀엽고 소중한 것과 버릇없는 것은 다르다. 소중한 우리 아이들이 사람의 도리와 예의에 대한 가르침을 받지 못해 인간성을 갖추지 못한 사람으로 성장해서야 되겠는가. 존경받을 짓을 하지 못하게 키우면 그는 존경받지 못하는 사람으로 성장하고 결국 손가락질 당하는 사람이 된다.

정말 사랑한다면 사람의 도리와 예의, 인간성을 심어주어야 한다. 좋은 버릇을 가르치지 않으면 싸가지 없는 놈이 된다. 일상생활 중에 싸가지 없는 것을 만나면 얼마나 기분이 상하는가? 못된 인간 하나 만나는 것이 하루 종일 기분을 상하게 하고 심하면 한 주, 한 달을 분노에 시달리게 만든다. 얼굴만 떠올려도 밥맛 떨어진다는 사람들이 얼마나 많은가?

성인으로서 진정한 자격을 갖춘 자는 사랑이 없는 시대에 사랑을 심고 가르치는 사람이고, 버릇없는 시대에 예절을 지키는 사람이며, 분주한 시대에 여유로운 사람, 정신없는 시대에 정신을 차린 사람, 싸우는 시대에 평화로운 사람, 욕심 많은 시대에 양심적인 사람, 방황하는 시대에 바른 길을 가는 사람이다.

소년 미자하

빼어난 외모와 순수함으로 위니리 왕의 총애를 받고 있던 소년 미자하는 국법을 어기는 잘못을 저질러도 왕의 특별한 보호로 인해 처벌되지 않는 특혜를 누리고 있었다. 그러한 자신의 상황을 이용이라도 하는 것처럼 미자하의 행동은 다른 신하들의 눈꼴을 시리게 하였다.

허락 없이 왕의 수레를 타는 사람에게는 발꿈치를 베는 형벌이 가해진다. 그런데 늦은 밤 고향에 있는 어머니가 위독하다는 전갈을 받은 미자하는 허락도 받지 않고 왕의 수레를 타고 고향으로 달려갔다.

신하들은 미자하를 그냥 두어서는 안 된다는 상소를 올리지만 왕은 도리어 신하들 앞에서 미자하를 칭찬한다.

"자신의 발꿈치가 잘려나갈 것을 알면서도 아픈 어머니를 보기 위해 왕의 수레를 탄 것은 자신의 안위보다 어머니를 향한 효심이 더 크기 때문인데, 내가 어찌 그런 효성 지극한 소년에게 형벌을 가할 수 있겠는가? 미자하는 아름다운 모습을 가진 이상으로 지극한 심성을 가졌도다!"

어느 날 미자하는 왕과 함께 과수원을 지나다가 탐스럽게 익은 복숭아를 따서 한 입 맛보고는 그 맛이 너무도 달콤하다며 베어먹은 복숭아를 왕에게 올렸다. 먹던 것을 왕에게 올리는 미자하의 행동에 신하들은 깜짝 놀라며 "어찌 베어먹은 과일을 드리는가?" 하며 핀잔하였다. 그러나 왕은 이번에도 역시 미자하의 편을 들어주었다.

"왕을 생각하는 마음이 얼마나 깊으면 자신이 베어먹은 것도 잊은 채 과일을 들고 달려왔겠는가?"

세월이 흘러 왕도 늙고 소년 미자하는 성장해서 중년이 되었다. 일반 관리가 된 미자하가 실수를 저질러 왕 앞에 불려나가게 되었다. 왕과 미자하의 절친한 관계를 기억하고 있던 신하들은 이번에도 역시 미자하는 문책을 받지 않을 것이라고 생각하였으나 왕은 이전과는 전혀 다른 태도로 엄하게 미자하를 꾸짖었다.

"저놈은 일찍이 짐의 수레를 몰래 훔쳐서 타고 다녔고, 먹다 남은 복숭아를 나에게 준 괘씸한 놈이다. 법대로 처리하라!"

가까울수록
예의를 지켜라

순진한 소년에게 베풀어지던 왕의 호의는 세월이 흘러 사라져버렸다. 특별히 가까워서 모든 것을 용서받고 이해받았던 것들이 거리가 멀어진 후에는 용서할 수 없는 흠과 실수가 되고 무례한 짓거리가 되었다.

친해지면 함부로 대하고 가깝다는 이유로 예의를 지키지 않았던 것은 친한 관계가 깨진 후에는 욕먹을 일로 남는다. 친한 것이 예의를 대신할 수 있는 시기는 계속 친할 때뿐이다. 그후엔 예의 없는 것만 남아서 약점이 된다. 친한 사람이라도 예의를 넘어서는 짓을 해서는 안 된다. 친한 것은 친한 것이고 예의는 예의이다. 언젠가 예의를 따질 때가 오면 친했던 것은 사라지고 무례한 것만 남아서 문책을 당하게 된다.

편한 사람이라고 함부로 굴지 말고, 정말 좋은 사람이라면 더 잘해야 한다. 가까울수록 더 조심해야 한다. 그렇지 않으면 편하고 좋은 사람을 놓치게 된다. 모든 사람에게 예절을 지키되 가까운 사람에게 더 그래야 하고, 억울할 때, 아플 때, 정신없을 때, 바쁠 때도 질서를 깨뜨려서는 안 된다. 조금 지난 후엔 모든 상황은 무시되고 깨뜨린 질서에 대한 것만 남아서 불명예를 얻게 되기 때문이다.

옆으로 비켜서라

대화를 나누고 있는 사람들 사이에 끼어들지 말고, 남의 관계를 가로막지 마라. 상대방이 하는 말을 자르지 말고 말이 끝나기를 기다렸다 다 들은 후에 대답하라.

필자가 작은 모임에 참석했을 때의 경험이다. 서로 명함을 나누고 긴 탁자에 둘러앉아 이야기를 나누고 있었는데 내 옆에 앉은 사람이 팔꿈치를 탁자에 대고 손으로 턱을 고이면서 나의 시야를 완전히 가려버렸다. 그는 다른 사람의 이야기를 듣느라 자기 옆에 있는 사람의 시야를 가린다는 것을 인식하지 못하고 있었다. 앞이 안 보이니 비키라고 할 만한 상황도 아니었다.

그렇게 해서 화자의 이야기가 끝날 때까지 나는 대화에서 소외되어 있었다. 아까 받았던 명함을 꺼내서 나의 시야를 가린 사람의 신분을 확인해보니 노무사였다. 사람들의 문제를 처리해주는 직업을 가진 사람이 정작 자신이 남의 앞을 가로막고 있다는 것을 알아채지 못한다는 생각에 나는 오랫동안 씁쓸했다.

남의 대화에 끼어든다는 것은 누군가를 소외시키는 일이다. 사람들 사이를 가로막는 것도 관계를 단절시키는 행위이다. 남들이 말하고 있으면 새로운 말을 꺼내지 마라. 남의 시야를 가로막지 말고 뒤에 사람이 있으면 너무 앞으로 나오지 말고, 사진을 찍을 때 제일 뒤에 서라. 앞에 서서 얼굴 잘 보여봐야 사진 나온 후에 한 번 보면 그만이다.

잔치 중에는 조용히 떠나고, 바쁜 사람 붙들고 길게 인사하지 말고, 손님맞이해야 하는 새신랑에게 인생 상담을 하지 말고 다른 사람이 인사할 수 있도록 옆으로 비켜서라. 내가 하는 이야기가 너무 길어지면 굳이 결론을 지으려고도 하지 마라. 대부분의 이야기는 결론이 필요 없는 내용들이다. 신중한 대화를 나누던 사람들도 주위에서 위급한 상황이 발생하면 당장 대화를 그치게 된다. 그리고 결론이 없어도 살아가는 데 아무런 지장이 없다.

못된 것들에게 더 예의를 지켜라

예의를 따지는 사람들은 예의를 갖춘 사람들이 아니다. 예의 없는 사람들이 남들에 대해서는 더 예절을 따지고 든다. 예절 바른 사람은 남의 무례함을 이해하는 예의를 가졌기에 따지지 않지만 무례한 사람은 남을 이해하는 예절을 갖지 못했기에 자기의 커다란 무례함은 못 보고 남의 작은 실수만 확대경으로 들여다본다.

커다란 체구의 남자가 마트에서 점원에게 양배추가 있는 곳을 묻자 점
원은 친절하게 그를 안내해주었다. 그런데 그가 다시 점원을 불렀다.

"양배추 반 통이 필요한데 잘라서 파는 건 없네!"

"오늘은 값이 내려서 반 통짜리는 준비되지 않았습니다."

"나는 반 통이 필요하니까 만들어주세요!"

"지금 만들어드리기는 어려운데요?"

"손님이 만들어달라면 만들어줘야 하는 거 아닌가?"

"그러면 팀장님에게 물어보고 오겠습니다."

점원은 차라리 안 파는 것이 낫겠다는 생각이었지만 마땅히 둘러댈 말도 없고 해서 물어보고 온다고 하고는 팔 수 없다는 대답을 해줄 생각이었다. 팀장에게 다가간 점원은 방금 일어난 일을 어처구니없다는 표정으로 이야기했다.

"글쎄, 미련 곰 같은 놈 하나가 그 싼 양배추를 반 통만 잘라서 포장해달라는 거예요! 그 머저리 같은 놈한테 가서……."

점원의 말을 듣고 있던 팀장의 표정이 갑자기 바뀌면서 커진 눈동자로 점원의 뒤를 바라보았다. 무슨 일인가 해서 뒤를 돌아본 점원은 자신의 바로 뒤에서 자기가 하는 말을 다 듣고 있는 남자를 발견하였다. 점원은 재빨리 돌아서며 팀장에게 한 마디를 더했다.

"그런데 이 신사 분께서 나머지 반 통을 사시겠다는군요!"

다행히 남자는 양배추 반 통을 사가지고 돌아갔고 일촉즉발의 위험한 상황은 그렇게 마무리되었다.

정말 예의가 필요할 때는 예의 없는 사람을 만났을 때이다. 질서가 없는 사람들 사이에서 질서가 필요하고, 버릇없는 사람들을 만났을 때 더 깍듯한 태도를 갖추어야 한다. 예의와 예의가 만나면 완전한 평화, 예의와 무례가 만나면 불안한 평화, 무례와 무례가 만나면 사고와 전쟁이다. 한쪽에서라도 예의를 갖추면 사고는 일어나지 않는다. 그러므로 무례한 것들을 만날 때는 반드시 예의를 갖추어야 한다.

예절이
사랑이다

사랑은 실제적이고 현실적이고 구체적이어야 한다. 법을 지키는 것이 법의 테두리 안에 사는 사람을 사랑하는 것이고 공중도덕과 질서를 지키는 것이 같은 시대를 살아가는 사람들을 사랑하는 것이다.

불법과 무질서는 미움이다. 사랑한다면 새치기를 할 수 없고, 거리에 침을 뱉거나 쓰레기를 버릴 수 없다. 거리가 더럽혀지는 이유는 사람들의 마음에 사랑이 없기 때문이다. 먼저 가려고 옆 사람을 밀쳐내는 것, 돌아서서 욕하는 것, 뒤에서 떠미는 것 등 인간에 대한 예의를 지키지 못하는 모든 행위는 사랑이 없기 때문이다.

사랑한다는 말로 자고 있는 사람을 깨우고, 피곤한 사람을 끌고 돌아다니지 마라. 그것은 사랑이 아니라 사랑을 빙자한 친분의 횡포다. 가깝다는 이유로 '당신은 나를 사랑해야 하고, 나를 위해 어떤 수고도 아낌없이 베풀어주어야 하고, 내가 원하는 것은 뭐든지 해주어야 한다'고 말하는 것은 사랑이 아니라 거래이다. 무언가를 요구하는 것은 이미 사랑이 아니다. 요청하고 수긍하는 것은 거래이다.

예절은 회초리를 쳐서라도 가르쳐야 한다. 예의를 배우지 못한 사람은 사랑받을 수 없다. 어려서 맞고라도 예의를 배우면 성장해서 많은 사람에게 사랑을 받게 된다. 예의 없는 것들을 사랑하는 사람은 세상에서 부모밖에 없다.

예의를 가르치지 않는 것은 사랑받지 못하는 사람으로 일생을 살게 만드는 것이나 다름없다. 어려서 인사하는 것을 배우지 못하면 커서도 인사못하는 사람으로 살게 된다. 실수하고 잘못하는 것은 지나가면 잊히지만 예의 없는 것은 시간이 지날수록 눈 밖에 나고 결국은 외면당하게 된다.

험악한 상황에도 예의를 지켜라

규정속도보다 빨리 고속도로를 달리던 청년이 경찰에게 단속되었다. 정지 명령을 받고 차를 세운 청년에게 경찰은 미소를 띠며 다가가 창문을 내리게 한 후 말을 걸었다.

"아침부터 온종일 자네 같은 친구를 기다리고 있었지!"

경찰이 과속하는 청년들을 싫어하는 표정을 역력히 드러내며 비꼬듯 경멸하는 어투로 말하자 청년이 대답하였다.

"네! 그러신 것 같아서 되도록 빨리 달려오는 길이에요!"

청년의 대답에 경찰은 벌금 고지서를 발부하려다가 웃음을 터뜨렸다.

"하하하하! 뭐라고, 빨리 오는 길이라고?"

"네! 누군가 나를 기다릴 것 같아서 달려왔는데 경찰일 줄은 몰랐죠!"

"하하하! 이 친구, 재미있는 친구군! 앞으로는 기다리는 사람 있어도 천천히 다녀!"

"네! 감사합니다. 안녕히 계세요!"

예의를 지킬 수 없는 상황, 예절이 필요 없는 상황은 없다. 사람이 있는 곳에서는 사람에 대한 예의가 있어야 하고, 악어가 사는 곳에서는 악어에 대한 예의, 개가 있는 곳에서는 개에 대한 예의가 있어야 한다.

예의를 기대하지 않은 상황에서 만난 예의는 사람의 태도를 변화시킨다. 화를 내려던 사람이 친절해지고, 싸우려고 온 사람이 함께 어울리는 친구가 되고, 벌금 고지서를 끊으려던 경찰이 고지서 대신 잘가라고 인사를 건네게 된다. 예의를 지키기 어려운 때를 위해 예의가 몸에 배어 있어야 한다.

마지막 길에 대한 예의

죽을 때 평생 모은 돈을 가져가고 싶어 하던 할머니가 속옷 허리춤에 주머니를 만들어 그 안에 백만 원짜리 수표 200장을 넣어 바늘로 꿰매서 차고 다녔다. 며느리와 딸들에게 자신이 죽으면 평소 입던 옷을 그냥 입고 갈 테니 절대 옷을 갈아입히지 말라고 하였다. 만날 때마다 같은 말을 당부해서 자식들은 꼭 그러겠다고 약속하고 할머니를 안심시켜드렸다.

할머니가 돌아가시자 딸과 며느리들이 모여서 소원대로 해드려야 할지, 새 옷을 입혀드려야 할지를 의논하였다. 마지막 가는 길에 새 옷을 입혀드리는 것이 자식 된 도리라는 결론을 내리고 삼베옷을 입히기 위해 망자의 옷을 벗기자 두툼한 주머니가 발견되었다. 단단히 바느질된 것을 가위로 잘라보니 2억 원이나 되는 돈이 들어 있었다. 자식들은 그제야 어머니가 가져가고 싶었던 것은 평소 입던 옷이 아니라 돈이라는 것을 알아챘다. 하지만 돈을 몸에 두르고 땅에 묻힌다고 다시 살아나는 것도 아니기에 모두 꺼내서 사이좋게 나누어 가졌다. 돈은 죽은 자를 위한 것이 아니라 산 자를 위한 것이기 때문이었다.

마지막 가는 길에도 예의는 있어야 한다. 죽는 사람에게 돈은 아무 의미가 없다. 크고 화려한 무덤도, 비싼 의복이나 관도, 근사한 장례식도, 죽은 사람에게는 아무 도움이 되지 않는다. 살아 있는 사람에게 의미 있는 것을 마지막 가는 길에 가져가려는 것은 죽음에 대한 예의를 벗어나는 것이다. 세상에 올 때 빈손으로 왔듯이 세상을 떠날 때도 빈손으로 가는 것이 마지막 길에 대한 예절이다.

탄생과 죽음 사이에 머무는 동안에도 욕하고 싸우다 가는 것은 삶에 대한 예의가 아니다. 깨끗하고 거룩하게 지내는 것이 삶에 대한 예절이다. 죽음 앞에서도 인간의 도리를 버려서는 안 된다. 다음 세대가 아직 남아 있기에 사람은 가도 질서와 예의는 남아야 한다. 인간에 대한 예절, 만물에 대한 질서는 개인의 죽음보다 중요하다.

예의를 지키는
비결

2차 세계대전 중 노르망디에 상륙한 연합군 보병부대가 작전이 수정되는 바람에 한 장소에 발이 묶여 있었다. 캐나다군 홍보요원들이 병사들의 사기를 높이는 방안으로 소프트볼 경기를 열기로 했다. 인근의 잔디 구장을 찾아내서 보도본부를 설치하고 종군기자들과 각 부대의 장교들을 초대한 후 경기를 시작했다.

3회전이 끝나갈 무렵 영국군 병사들이 운동장으로 사열해서 들어오더니 땀 흘리며 경기를 하고 있는 캐나다 군인들을 향해 "미친 것들!" 이라며 욕설을 퍼부었다. 무언가 오해가 있는 것 같아서 심판은 경기를 중단시키고 선수들에게 자리를 지키고 있으라고 하였다.

영국군 장교가 심판을 운동장 밖으로 불러내자 심판은 잔뜩 화가 난 얼굴로 장교에게 다가갔다. 장교는 심각한 표정으로 심판을 혼냈고, 심판은 장교의 말에 고분고분하더니 바로 돌아서서 운동장 가운데 서 있는 선수들에게 새파랗게 질린 얼굴로 소리쳤다.

"여러분, 경기를 잠시 중단하겠습니다. 영국 공병대가 이 운동장에 매설된 지뢰를 제거하러 왔습니다."

그 한 마디에 지금까지 운동장을 뛰어다니며 경기를 치르던 병사들은 살금살금 기어서 운동장 밖으로 탈출하였다. 그들은 지뢰밭에서 경기를 치르고 있었던 것이다. 운동장 밖으로 나온 병사들 중에 아무도 영국군의 무례를 탓하는 사람은 없었다.

예의를 지키는 비결은 자신이 어디에 있는지를 확인하는 것이다. 지뢰밭에 서 있는 사람은 함부로 날뛰지 않는다. 그곳에서 뛰는 것은 목숨을 잃을 수도 있는 위험한 행동이기 때문이다.

사람 하나하나는 지뢰와 같다. 잘못 건드리면 터져서 자신과 남에게 상처를 주고 피해를 입히기 때문이다. 지뢰가 터지는 것보다 사람이 터지면 더 위험한 일이 발생한다. 사람 속에 있는 감정과 분이 터지면 지뢰와는 비교도 할 수 없는 결과가 나타나기도 한다. 그러므로 사람은 최대한 조심해서 다루어야 할 대상이다. 터지면 폭탄보다 무섭다.

사람이 폭탄처럼 터지지 않게 하려면 예의를 지켜야 한다. 지뢰는 밟아야 터지지만 사람은 예의 없는 말 한마디에도 터진다. 예의를 지키지 않으면 폭탄처럼 터져서 감정적으로나 지성적으로, 또는 현실적으로 죽을 수도 있다. 죽으려면 무례하고 살려면 정중해야 한다. 사람 사이에서 함부로 날뛰면 지뢰밭에서 경기를 하는 것처럼 위험천만한 상황에 도달하게 된다.

질서와 예의는 창조의 법칙이다. 사랑은 질서 속에 있다. 무질서는 사랑이 아니다. 질서가 무너지면 사랑이 쓰러지고 미움이 일어선다. 우리는 자신이 처한 곳에서 가장 예의 바른 사람이 되어야 한다. 자신이 속한 곳에서 가장 신사답고 숙녀다운 사람이어야 한다.

귀엽고 예의 없는 것들

사랑받고 버릇없이 자라서

사랑 못하는 버릇없는 것들이 된다.

정말 사랑한다면 사랑할수록 예의를 가르쳐야 한다.

도리를 배우지 못하면 사람으로 살 수 없다.

버릇없이 자라면 싸가지 없는 놈이 될 것이다.

싸가지 없는 것을 만나보았는가?

얼마나 기분 나쁜가?

얼굴만 봐도 화가 치민다.

오늘 잘못 자란 아이는

내일 세상을 괴롭히는 나쁜 놈이 된다.

우리는 사랑이 없는 시대에 사랑을 심는 사람,

버릇없는 시대에 예절을 지키는 사람,

분주한 시대에 여유로운 사람,

정신없는 시대에 정신 차린 사람,

싸우는 시대에 평화로운 사람,

욕심 많은 시대에 양심적인 사람,

방황하는 시대에 바른 길을 가는 사람이다.

죽으려면 무례하고 살려면 정중하라.
함부로 날뛰면 수명을 다 살 수 없으니
조심조심 걷고 말하고 행동해야 한다.

예의를 지키기 어려운 때를 위해 예의가 몸에 배어 있어야 한다.
질서와 예의는 무조건의 법칙이다.
사랑은 질서 속에 있다.
질서가 무너지면 사랑은 쓰러지고 미움이 일어난다.

11chapter ♥ 이해와 공정함으로 채움

사랑은 자기중심적 존재인 사람을

사랑하는 대상 중심으로 바꾸는 힘을 가지고 있습니다.

내가 원하는 행동이 아닌

상대가 원하는 행동을 하는 것이

진정한 사랑입니다.

내가 가고 싶은 곳보다 남이 가고 싶은 곳으로 가는 것,

내가 먹고 싶은 것보다 상대가 먹고 싶은 것을 먹는 것이

사랑입니다.

사랑을 위해 준비해야 하는 것은

무엇이든 먹을 수 있는 식성과,

무엇이든 할 수 있는 재능과,

어떤 말이든 들어줄 수 있는 넓은 마음입니다.

착한 물고기와
한없는 바다

시골에서 농사를 짓는다는 이유로 그는 장가를 가지 못했다. 잘생기고, 성격도 시원하고, 대학도 나왔고, 성실하고, 착하기까지 한 그의 가장 큰 약점은, 도시인이 아니고 직장인도 아닌데다 농사꾼이라는 것이었다. 인터넷을 통해 농촌생활에 동경을 가진 여인을 알게 되어 서로에게 호감을 가질 때쯤 그가 현재 시골의 전업 농사꾼이라는 이야기가 나오면 좋은 친구로만 지내길 바란다는 소식이 온다. 매일 주고받던 편지도 뜸해지다가 결국 끊어지고 만다.

그렇게 현실적인 이유로 결혼을 포기할 수밖에 없겠다는 생각이 자리를 잡을 즈음 새로운 여인을 한 명 알게 되어 진솔한 이야기를 주고받는 사이가 되었다. 인터넷에서 사용하는 그녀의 가명은 '착한 물고기'였고 그의 가명은 '한없는 바다'였다. 두 사람은 서로의 상황을 깊이 이해하는 사이가 되었고 허물없는 농담 편지를 주고받는 관계가 되었다.

"착한 물고기님! 당신의 영혼과 하나가 되고 싶습니다!"

그는 마음속 깊은 곳에 담아두었던 그녀에 대한 사랑을 고백하는 편지를 보냈다. 편지를 받은 그녀에게서 오랫동안 답장이 오지 않았다. 역시 그녀도 농사꾼을 친구로는 생각하지만 연인이 될 사람으로는 생각하지 않았던 것이다. 농사짓는 젊은 남자를 이해는 해도 함께할 사람으로는 생각하지 않았던 것이다.

여인에 대한 미련을 버리고 열심히 땅을 일구던 어느 날 여인에게 답장이 왔다.

"한없는 바다님! 편지를 받고 많은 고민 끝에 답장을 드립니다. 저는 어릴 때 소아마비를 앓았고 화재로 화상까지 입었습니다. 얼굴에 흉터가 있어서 집 안에서만 살고 있습니다. 많은 사람들이 저의 참모습을 알고 떠나갔습니다. 그후로 저는 사람들에게 버림을 받기 전에 제가 먼저 떠나기 시작하였습니다. 이번에는 제가 떠나는 시기를 맞추지 못해서 한없는 바다님께 큰 상처를 드리게 된 것 같습니다. 당신의 사랑을 받기에는 저의 신체가 충분하지 않습니다. 건강하고 아름다운 여인을 만나시기를 기도하겠습니다."

여인의 편지를 받은 그는 이제 결정권이 자신에게 넘어왔음을 직감했다. 항상 상대의 결정을 기다리는 상황이었는데 이제는 자신이 결정을 내려야 할 상황에 이른 것이다. 여인의 삶은 농사꾼인 자신보다 더 어려운 처지였다. 답장을 기다리며 초조해하던 시간만큼 고민을 겪은 후에 그는 여인에게 답장을 보냈다.

"착한 물고기님! 당신의 영혼을 사랑합니다! 당신의 영혼만큼 충분하지 못한 당신의 육체도 사랑하겠습니다. 당신의 아름다운 영혼에 나의 건강한 육체가 잘 어울릴 것 같습니다. 만납시다."

두 사람은 어느 초등학교 운동장에서 만나기로 약속을 했고 날짜가 되어 남자는 일찍 나가서 여인을 기다렸다. 약속 시간이 되자 목발을 짚은 여인이 얼굴에 두건을 쓰고 나타났다. 목발과 얼굴에 둘러쓴 두건만 아니라면 더할 나위 없는 미인형이었다. 만감이 교차하며 안쓰러운 표정을 짓고 있는 남자에게 천천히 다가온 여인이 인사를 건넸다.

"한없는 바다님이세요?"

"착한 물고기님이세요?"

서로를 확인한 후 여인은 조심스럽게 목발을 내려놓고 얼굴을 가린 두건을 풀기 시작했다. 남자는 여인이 너무 빨리 자기를 보여준다는 느낌을 받았지만 이미 각오하고 나왔기에 숨기는 것보다는 나을 수도 있겠다는 생각이 들었다.

그런데 남자는 여인의 얼굴을 보며 깜짝 놀랐다. 집 안에서만 생활할 정도의 흉한 얼굴을 가졌다는 여인은 흉터 하나 없는 얼굴에 밝은 미소를 짓고 있었고, 소아마비가 있다는 다리로는 남자의 주변을 똑바로 걷고 있었다. 놀라서 할 말을 잃은 남자에게 여인이 사연을 이야기했다.

"사실이 아닌 말을 해서 미안해요! 많은 사람들이 저의 외모에 반해 청혼했지만 저는 외모에 끌려서 하는 사랑의 고백을 믿을 수 없었어요! 그래서 외모가 아닌 나의 영혼을 사랑할 수 있는 사람을 만나고 싶었어요……. 약속 장소를 정하고 정말 저를 만나기 위해 나온 사람은 당신이 처음이에요! 모두들 나올 수 없는 이유가 생겼다고 했지만……. 나의 외모가 아닌 나의 영혼을 사랑하는 사람을 만나고 싶었거든요! 용서해주세요!"

사랑은
이타주의

모든 사람은 자기중심적으로 생각하고, 말하고, 행동할 수밖에 없는 존재로 태어난다. 조건이 주어지지 않은 상황에서 자기를 초월한다는 것은 보통 사람으로서는 오르지 못할 나무를 쳐다보는 것과 같다. 오랜 수행을 하거나, 자녀를 위한 일이거나, 이권이 연결되는 상황에서 사람은 이타적이 될 수 있다. 그렇지 않은 경우에는 대부분 이기적인 삶을 살아가게 된다.

그러나 사랑하는 대상이 생기면 사람은 이타적으로 변한다. 사랑은 자기중심적 존재인 사람을 사랑하는 대상 중심으로 바꾸는 힘을 가지고 있기 때문이다. 자녀를 사랑하는 부모의 중심은 자녀가 되고, 여인을 사랑하는 남자의 중심은 여인이 된다.

자기중심적인 사람도 사랑하면 남 중심이 된다. 이 말을 다른 말로 하면 자기 좋을 대로 하는 사람은 사랑하지 않는 사람이라는 의미이다. 진정한 사랑은 남 좋을 대로 하는 것이다. 자기 좋은 것을 버리고 남이 좋은 것을 하는 것은 바보가 되는 과정이라고 할 수 있다.

사랑하면 바보가 된다. 부모가 자식 앞에서 바보 같은 표정을 짓고, 어홍, 까꿍, 야옹, 멍멍 하며 별짓을 다하는 것은 아이를 사랑하기 때문이다. 누가 앤지 알 수 없는 행동을 하며 자신의 모습을 망가뜨리는 것은 자기 체면보다 아이를 사랑하는 마음이 더 크기 때문이다.

내가 원하는 행동이 아닌 상대가 원하는 행동을 하는 것이 진정한 사랑이다. 내가 가고 싶은 곳으로 가지 않고 남이 가고 싶은 곳으로 가는 것이 사랑이다. 내가 먹고 싶은 것을 먹지 않고 상대가 먹고 싶은 것을 먹는 것이 사랑이다.

강원도로 갈까? 제주도로 갈까? 서해로 갈까? 남해로 갈까? 이걸 먹을까? 저걸 먹을까? 사랑의 정답은 '당신 맘대로!'이다. 사랑은 모든 것에서 나보다 너를 먼저 생각하고 그에 따르는 희생을 즐거움으로 인식한다. 사랑을 위해 준비해야 하는 것은 무엇이든 먹을 수 있는 식성과, 무엇이든 할 수 있는 재능과, 어떤 말이든 들어줄 수 있는 넓은 마음이다.

지갑
경매

신기한 물건, 값비싼 물건, 이상한 물건, 오래된 물건들이 경매에 붙여지고 각자 관심 있는 물건들을 차지하기 위해 신경전을 벌이고 있는 경매장에서 진행자에게 직원 한 사람이 다가왔다. 사람들은 무언가 긴급한 변동사항이 생긴 것을 알아챌 수 있었다. 경매로 올라온 물건에 이상이 있는 건지를 알기 위해 귀를 쫑긋 세운 사람들에게 진행자가 공지사항을 전달하였다.

"방금 전에 경매에 참여한 손님 한 분이 천만 원이 들어 있는 지갑을 분실하셨다고 합니다. 혹시 검은색 지갑을 발견한 분이 계시면 저에게 전달해주시기 바랍니다. 지갑을 돌려주시는 분께는 이백만 원을 사례비로 드리겠다고 하셨습니다."

중개인의 말이 끝나자 소란스럽던 경매장 안은 쥐죽은 듯 적막이 휘돌았다. 누가 지갑을 주웠을까? 과연 천만 원이 들어 있는 지갑을 돌려받을 수 있을까? 모든 사람이 고개를 앞뒤좌우로 돌리며 지갑에 대한 이야기가 나오기를 기다리고 있는데 뒤쪽에서 누군가 외치는 소리가 들렸다.

"이백십만 원!"

그러자 근처에서 또 다른 소리가 들려왔다.

"이백이십만 원!"

"이백오십만 원!"

세상은 지독히도 자기중심적이다. 잃어버린 남의 물건을 찾아주면서 많은 사례금과 보답을 요구한다. 자기 물건이 아닌 것을 가지고도 자신에게 유익한 결과를 만들어내려 하고, 남을 위한 일을 하는 중에도 자신을 위한 결정을 내린다.

봉사하러 가면서도 더 쉽고 편한 것을 선택하려 하고 마음을 맞추지 못해서 봉사는커녕 싸움 끝에 집으로 돌아가기도 한다. 봉사는 몸으로 일만 하는 것이 아니다. 마음을 맞추는 과정이고 비우고 내려놓는 과정을 통해 성취된다.

착하게 사는 방법을 모색하는 회의 중에도 의견 다툼으로 갈등을 일으키고, 결론을 내리지 못해 회의는 연기되고, 착하게 사는 방법은 계속 허공을 떠돌며 정착되지 못한다. 의식적으로 자기중심적인 사고를 돌이켜 남 중심이 되지 않으면 잃어버린 지갑을 돌려주는 것까지 경매로 착각하게 될 것이다.

누가
추운 거야?

네덜란드에서 태어나 화가로 활동하던 프리츠 반 동겐은 대부분의 화가들처럼 몹시 가난한 젊은 시절을 보냈다. 누드를 그리기 위해서는 모델을 사야 했는데 모델을 살 만한 돈이 한겨울에 마련되었다. 여름이 되기를 기다릴 수 없었던 그는 난방이 되지 않는 자신의 화실로 모델을 초대해 그림을 그리기 시작하였다.

처음으로 실제 모델을 앞에 두고 그림을 그리게 된 그는 추운 것도 잊은 채 그림에 몰두하였다. 한 시간쯤 지나자 추위에 떨던 모델이 새파래진 입술을 힘들게 움직이며 반 동겐에게 하소연하였다.

"선생님! 여기는 정말 춥네요!"

모델의 말을 듣고 반 동겐은 깜짝 놀라며 자신의 코트를 집어들었다.

"손이 곱아서 붓을 잡기 힘든 걸 보니 정말 춥군!"

그는 손에 입김을 불며 비빈 후 자신의 어깨에 코트를 걸치고는 다시 그림을 그리기 시작했다. 그날 모델의 얼굴에서 미소라고는 찾아볼 수 없었다. 그림을 다 그리고 모델이 떠나간 후에야 그는 자신이 무슨 짓을 했는지 깨달았다.

내가 추우면 남도 춥다. 그런데 우리는 남이 춥다는 생각은 전혀 못하고 살아간다. 내가 아프면 남도 아프고, 내가 힘들면 남도 힘들고, 내가 속상하면 남도 속상하다. 화나는 일이 있을 때 내가 화난 만큼 상대도 화가 나 있음을 알아야 한다. 내가 느끼는 것을 남도 느끼고, 내가 알고 있는 것 정도는 남들도 다 알고 있다.

나를 위한 대비책을 세울 때 남을 위한 대비책도 함께 세워야 한다. 자신을 위하는 만큼 남도 위할 수 있어야 한다. 누구나 자신을 위해서 살아가지만 자기 혼자서 만족한 세상을 살 수는 없다.

그림을 위해 모델을 희생시키면 그림은 나중에 명화가 될지 모르나 희생당한 모델은 평생 화가를 원망할 것이다. 많은 사람은 화가를 칭찬할지 모르나 그림 속의 주인공은 그 그림을 보며 아픈 추억을 떠올릴 것이다.

물건보다 사람이 우선이고, 일보다 사람이 우선이고, 작품보다, 명예보다, 돈보다, 점수보다 사람이 우선이다. 세상에 존재하는 모든 것들의 가치는 사람 아래이다. 사람보다 가치 있다고 생각하는 것이 있다면 그것은 사람이 할 수 있는 착각 중에 가장 큰 착각이다.

그런데 우리가 사는 이 시대는 물건과 돈 때문에 미쳐가고 있다는 느낌이 든다. 좋은 물건을 차지하기 위해 서로 피 흘릴 정도로 싸우고, 얼마의 돈 때문에 사람을 죽이기까지 한다. 보험금을 타기 위해 잠든 배우자의 눈을 바늘로 찔러서 실명시키고 음식에 독을 타먹여 죽게 한 사람도 있다. 돈에 미치지 않았다면 어떻게 그럴 수 있는가?

사랑은
공정하다

정조 때 과거 시관의 수장으로 이문원이 책봉되었다. 부정과 비리에
물들지 않은 그를 대부분의 관리들은 불편하게 생각하였다. 친인척과 청
탁받은 사람들을 급제자로 선정하는 것이 암암리에 성행하고 있었기에
자신들과 한통속이 될 수 없는 인물이 수장이 된 것을 난처한 상황으로
받아들일 수밖에 없었다.

이문원이 수장이 된 후 과거가 치러졌다. 제출된 답안지들을 앞에 두
고 이문원이 시관들에게 말했다.

"내가 처음으로 시관의 수장이 되기는 했으나 아는 것도 없고 경험도
부족하니 대감들께서 그동안 해오신 대로 채점하여 결과를 알려주시면
저는 그대로 따르겠습니다."

의견 차이가 있을 것이라 여겨 큰 다툼을 각오했던 관리들은 이문원의
의외의 말에 자신들의 뜻을 펼칠 수 있게 된 것을 반기며 서슴없이 각자
청탁을 받은 사람들을 합격자로 선정하여 이문원에게 보고하였다.

짐작은 하였으나 낙방시켜야 할 것들을 선출해온 것을 받아들고 이문
원은 시험관들에게 다른 부탁을 하였다.

"우리 집안 자손들을 위해 교육용으로 쓸 만한 것들도 좀 골라주시면 어떨까 합니다만!"

"알겠습니다. 잘된 것들을 골라보겠습니다!"

시관들은 이번에는 진짜로 잘된 글들을 골라서 가져다주었다. 시관들이 다시 가져온 것들은 정말 잘된 것들이었다. 다음날 이문원은 시관들이 골라온 두 번째 글들 가운데서 가장 잘된 것들을 뽑아 급제를 발표하였다. 조선시대의 과거에서 부정이 없던 시절은 거의 없었다고 한다. 하지만 이문원이 수장으로 있을 당시만은 일절 부정 급제자가 없는 가장 공정한 과거시험이 치러졌다고 전해진다.

많은 사람을 위한 보편적인 사랑은 공정함이다. 잘하면 상주고, 못하면 격려하고, 실력은 실력으로, 사람은 사람으로 대접하는 것이 사회를 향한 사랑 실천이다. 친분과 연줄이 공정함을 가로막는다. 개인적으로는 친해도 일반적으로는 공정해야 한다.

개인 사업은 아는 사람들과 함께 꾸려가는 것이 당연한 일이지만, 공공시험과 경기에서는 성적과 실력으로 평가하는 것이 원칙이다. 친하다고 금메달을 주고, 아는 사람이라고 합격시키면 질서가 깨지고 공적인 사랑이 무너진다. 모든 사람을 사랑하는 보편적인 사랑은 공정함이다.

남들과 다른 특별 대접을 기대하는 것은 남의 사랑을 빼앗겠다는 것과 다름없다. 남이 줄 서면 나도 따라 서야 하고, 남이 기다리면 나도 기다려야 한다. 나한테만 잘해주기를 바라는 것은 많은 사람에게 골고루 나누어질 사랑을 독차지하려는 욕심 많은 생각이다. 특별 대접을 받을 수 있어도 거절하고 보통의 대접을 받는 것이 사랑을 실천하는 것이다. 남들이 받는 만큼만 받기를 기대하는 것이 공정한 사랑을 이루는 길이다. 사랑은 특별함을 버리고 평범함을 선택하는 것이다.

사랑은
의리를 버리지 않는다

병실이 부족해서 부상병의 치료실로 사용하고 있는 내무반에 갑자기 공습경보가 울렸다. 이어서 적의 전투기 공격이 있을 것이므로 모든 병사는 신속히 방공호로 대피하라는 명령이 전달되었다. 환자들과 함께 지내던 병사들은 순간 망설였다.

"부상병들을 데리고 간다면 공격 전까지 방공호로 대피할 수 없을 것이다. 같이 죽는 것보다는 하나라도 살아남는 것이 전쟁의 법칙 아닌가!"

부상병들 또한 자신들을 두고 출입구로 달려나가는 병사들을 원망할 수 없었다. 어차피 다 죽는 것보다는 살 가능성이 많은 병사들이 사는 것이 낫기에……

망설이던 병사들은 자신들을 두고 가라는 부상병들의 손짓을 보고 동시에 일어나서 출구로 달려나갔다. 그런데 적기의 공습은 예상보다 빨리 시작되었다. 부상병을 두고 내무반 출구를 빠져나간 병사들이 방공호로 대피하기도 전에 대피로에 폭탄이 투하되었다.

부상병을 두고 달려나간 병사들은 전멸하였고, 내무반에 누워서 죽음을 기다리던 부상병들은 살아남아서 계속 치료를 받게 되었다.

6. 25 전쟁 기록에 있는 안타까운 이야기들 중 하나이다. 누가 살아야 하고 누가 죽어야 하는가를 결정하는 것은 쉬운 일이 아니다. 살아야 할 사람과 죽어야 할 사람을 선택할 수 있는 사람은 없다. 그러나 어떻게 살아야 하는지는 선택할 수 있다. 결론적으로 병사들이 부상병들을 돌보기 위해 남아 있었다면 함께 살 수 있었을 것이라는 아쉬움이 남는다.

적기의 공격이 시작될 상황에서 환자들을 두고 달려나간 병사들을 책망할 자격은 누구에게도 없다. 위급한 상황에서는 누구라도 그런 결정을 내릴 수 있기 때문이다. 하지만 누군가 부상 입은 병사들을 돌보기 위해 남아 있었다면 그가 죽었든 살았든 그를 향해 박수를 보낼 것이고, 존경의 마음을 갖는 것 또한 당연한 일이다. 혼자 살아남는 것보다 함께 살기 위한 결정이 더 나은 것임을 누구나 본능적으로 알고 있기 때문이다.

또한 부상병 중에 자신의 가족이 있었다면 아마 그 한 사람은 자신의 아픈 가족을 두고 혼자 방공호로 달려가지는 않았을 것이다. 죽고 사는 것보다 가족 사랑의 힘이 더 크기 때문이다.

사람의 도리를 다하지 못하고 인간정신을 구현하지 못하는 이유는 사랑이 부족하기 때문이다. 충분하고 넉넉한 사랑이 있다면 눈앞에서 벌어지는 상황을 이길 수 있다. 그러나 우리는 대부분 상황에 떠밀리는 초라한 사랑으로 세상을 살아가고 있기에 도리와 인간정신보다 한 수 낮은 이기심으로 결정하고 행동하게 된다.

혼자서는
행복하지 않다

과연 혼자 살아남아서 얼마나 행복하고, 얼마나 즐거울 수 있을까? 혼자서는 모든 사람이 외롭고, 고독하고, 우울하고, 슬프기밖에 더하지 않겠는가? 혼자서는 아무리 화려하게 꾸며도 조금도 화려하지 않고, 아무리 많이 가져도 만족할 수 없다. 적게 가져도 함께 기뻐할 수 있는 사람이 있어야 소유의 만족을 느낄 수 있다.

혼자 살겠다고 남을 버리는 것은 결국 자기 자신을 버리는 것과 다름없다. 남은 남이 아니라 나의 또 다른 부분이기 때문이다. 세상 모든 사람이 함께 살아야 한다고 이야기한다. 구체적인 실천이 부족하기는 하지만 정부도, 기업도, 사회단체와 봉사단체들도 함께 나누고 도와야 한다고 이야기한다.

역사 이래 모든 사람이 인간의 도리와 양심을 이야기해왔다. 그러나 아직도 세상은 충분한 사랑을 갖지 못했다. 이제 말은 그만하고 행동으로 채워나가야 할 때가 아닐까?

자신의 주위에 있는 사람들을 향해 미소 짓고, 양보하고 희생하는 모습을 보여주길 바란다.

작은 것 하나를 손해 본 것이 억울해서 잠을 못 자는 사람은 진정한 사랑을 지닌 것이 아니다. 내가 손해 본다는 것은 누군가 이득을 보았다는 것인데 그 누군가는 나의 가족일 수도 있고 친척일 수도 있으며 친구일 수도 있다. 그렇다면 그렇게 괴로워할 이유는 없지 않은가?

술에 대한 예의

부모님이 여행을 떠나고 누이동생과 함께 집을 지키게 된 청년이 늦은 밤에 술을 마시고 싶은 생각이 들었다. 아무도 없는 거실에서 무엇이든 자기 맘대로 할 수 있는 기회가 왔지만 집 안 어디를 뒤져도 술은 나오지 않았다. 이미 모든 가게는 문을 닫은 시각이라 술을 사올 수도 없었다.

곰곰이 생각하던 그는 오래 전에 들은 소련 사람들의 이야기를 떠올렸다. 추위를 이기기 위해 비싼 보드카를 살 수 없는 사람들은 가끔 자동차 휘발유를 우유와 섞어 마신다는……

소련 사람들이 먹을 수 있었다면 자신도 먹을 수 있을 것이라는 생각에 청년은 아버지의 차에 있는 휘발유를 빼다가 우유를 섞어서 맛을 보았다. 그런대로 먹을 만했다.

조금씩 양을 늘려 먹다보니 가져온 휘발유를 거의 전부 마셔버렸다. 정신이 혼미해지는 것 같기도 하고 배가 아픈 것 같기도 했지만 참을 만했던 청년은 남아 있는 우유를 다시 휘발유에 섞어서 마셨다. 이내 참을 수 없을 만큼 배가 아프기 시작했고 구토가 나기 시작했다. 화장실까지 갈 엄두를 내지 못할 정도로 다급해진 그는 꺼져 있는 벽난로에 먹은 것을 다 토해버리고는 정신을 잃었다.

잠시 후 정신이 돌아오자 몸에 한기가 느껴졌다. 추위를 이기기 위해 벽난로에 불을 붙이는 순간 자신이 토해놓은 휘발유에 불이 붙으면서 폭발하듯 벽난로가 타올랐고, 이내 불길은 거실 바닥에 흘린 휘발유에까지 옮겨붙어서 끌 수 없는 상황이 되어버렸다.

갑자기 거세게 타오르는 불길을 피해 집 밖으로 도망쳐나온 그는 자신의 누이동생이 방에서 자고 있다는 것을 떠올렸지만 이미 집은 어마어마한 화염에 휩싸인 후였다.

'황당한 죽음' 이라는 글에 있는 내용으로, 캐나다에서 있었던 일이라고 한다.

술에도 예의가 있고 난로에도 예의가 있다. 술이 아닌 것을 술처럼 먹어서는 안 되고 약이 아닌 것을 약처럼 먹어서도 안 된다. 무엇이든 지켜야 할 예의를 넘어서면 부작용이 발생한다. 난로에 먹은 것을 토해놓는 것은 난로에 대한 예의가 아니다. 누가 그것을 치울 것인가? 아주 기초적인 예의만 지켰어도 청년은 자기 집을 태우지 않았을 것이고 사랑하는 동생을 먼저 보내지도 않았을 것이다.

세상의 모든 것에는 그에 맞는 예의가 있다. 쓰레기통에 대한 예의도 있고, 개에 대한 예의도 있다. 예의를 지키지 않으면 쓰레기통은 세상을 청소하는 도구가 아닌 더럽히는 도구가 되고, 개에 대한 예의를 지키지 않으면 개한테 물리게 된다. 많은 사람들이 개를 향해 "물어! 물어!" 하면서 약을 올리고 난 후 개에게 물렸다며 개주인을 상대로 싸움을 벌인다. 자신이 예의를 넘어서고는 그 부작용을 남에게서 보상받으려고 한다.

어떤 사람들은 마시던 커피나 음료수를 어항에 부어버리기도 한다. 많은 물에 섞으면 표시가 안 날 것 같지만 물고기가 죽고 물이 썩게 된다. 어항 속의 물고기가 죽는 이유는 수명이 다해서가 아니라 어항과 물고기에 대한 예의를 지키지 않은 사람들 때문이다.

세상이 혼란하고 어지러운 것은 사람이 세상에 대한 예의를 다하지 않기 때문이고, 바다가 썩고 물고기들이 떼죽음을 당하고 균형이 깨지는 것은 사람이 바다에 대한 예의를 지키지 않기 때문이다.

존재하는 모든 것은 그에 맞는 예의를 필요로 한다. 예의를 지키지 않는 것은 창조의 순리와 자연의 법칙을 깨뜨리는 것이다. 예절이 없는 곳에서는 다툼과 싸움, 상처와 아픔, 원망과 분노, 전쟁과 죽음, 정상적이지 않은 모든 부작용이 일어나게 된다.

사람이 아닌 모든 피조물은 각기 자기의 예의 범위를 벗어나지 않고, 벗어날 능력도 없다. 그러나 사람은 예의를 벗어날 능력과 힘을 가지고 있다. 사람만 예의를 지킬 수 있으면 세상은 평화롭고 아름다운 곳이 될 것이다. 물 한 잔에 대한 예의도 벗어나지 마라. 작은 예의 하나에도 세상을 아름답게 하는 우주의 원리가 담겨 있다.

사랑은 남 중심이다

자기 좋을 대로 하는 것은 사랑이 아니다.
남이 좋을 대로 하는 것이 사랑이다.
사랑은 바보가 되는 과정이다.
내가 원하는 행동이 아닌 상대가 원하는 행동을 하는 것,
내가 가고 싶은 곳이 아닌 남이 가고 싶은 곳으로 가는 것,
내가 먹고 싶은 것이 아닌 남이 먹고 싶은 것을 먹는 것,
내가 하고 싶은 일이 아닌 남이 하고 싶은 일을 하는 것이
사랑이다.

사랑하기 위해서는
어디로든 가고,
무엇이든 맛있게 먹고,
무슨 일이든 잘해야 한다.
무엇이든 할 수 있는 마음과 자세를 준비하는 것이
사랑을 위한 준비이다.

세상은 지독하게 자기중심적이다.
남의 것으로 자기 주머니를 채우려 한다.
남을 위한 일 중에도 자기를 위한 결정을 내린다.

착하게 사는 방법을 토의하다 다툼이 일어나고,

봉사하러 나와서 마음을 맞추지 못하고 싸우고 돌아간다.

봉사는 일만 하는 것이 아니다.

마음까지 비우고, 내려놓는 것이다.

많은 사람을 위한 보편적인 사랑은 공정함이다.

잘하면 상 주고, 못하면 격려하고,

실력은 실력대로, 사람은 사람으로 대접하라.

친분과 연줄이 공정을 가로막는다.

개인적으로는 친해도 일반적으로는 공정해야 한다.

특별 대접을 받는 것은 남의 사랑을 빼앗는 것이다.

남이 줄 서면 따라 줄 서고, 남이 기다리면 나도 기다려라.

특별 대접을 받을 수 있어도 보통 대접을 요구하라.

남들 받는 만큼만 기대하라.

사랑은 특별함을 버리고 평범함을 선택하는 것이다.

어항과 물고기에 대한 예의,

빈 컵에 대한 예의를 지키는 것이

사랑이다.

12chapter ♥ 지혜와 사랑으로 채움

마음이 급하면 분이 차오릅니다.

성급한 마음의 속도를 채우지 못하는 것들에 화가 납니다.

그렇게 급해서 무엇을 얻게 될까요?

긴장성 스트레스, 고혈압, 오해와 관계단절입니다.

세상이 왜 이렇게 사나워졌을까요?

사랑이 있어야 할 자리에

등수와 업적과 욕심과 이기심이 채워져 있기 때문입니다.

성급한 우리 마음에 사랑을 계속 채우면

다른 것은 흘러넘치고

결국엔 사랑으로 가득한 잔이 될 것입니다.

한 친구를
생각한다

나는 한 친구에 대해 생각한다.

어느 날 나는 그와 함께 식당으로 갔다.

식당은 손님으로 만원이었다.

음식이 늦어지자 친구는 여 종업원을 불러 호통을 쳤다.

무시당한 어린 종업원은 눈물을 글썽이며 서 있었다.

잠시 후 음식이 나왔다.

나는 지금 친구의 무덤 앞에 서 있다.

함께 식사를 한 것이 불과 한 달 전이었는데

그는 이제 땅 속에 누워 있다.

그런데 그 10분 때문에 그렇게 화를 내다니.

17세기의 시인 막스 에르만의 글이다. 그의 친구 뿐 아니라 그 역시도 지금은 세상에 존재하지 않는다. 그의 친구가 어떤 사람인지 알 수 없지만 세상에 존재하던 사람인 것만은 분명하다. 그리고 10분을 기다리지 못해서 어린 종업원의 눈에서 눈물을 흐르게 했던 사람이라는 것이 친구의 시를 통해 후대까지 알려지고 있다.

화를 내는 것이 순간적으로는 정당한 이유가 있는 것 같지만 시간이 흐른 뒤에 보면 정당한 이유는 사라지고, 서운함과 참지 못하는 급한 성격에 대한 후회만 남게 된다. 모든 싸움이 성질을 참지 못해서 일어난다. 심지어 통치자 한 사람의 급한 성질 때문에 국가 간 전쟁이 일어나기도 한다. 그리고 남는 것은 수많은 사람들의 희생과 죽음, 물리적인 손실과 이루 헤아릴 수 없는 상처들이다.

나는 어떤 친구로 기억될 것인가?

헤어진 후에 돌아서서 사람들은 나를 어떻게 기억할까?

친구는 사랑하지만 어린 종업원은 사랑하지 못하는 아주 폭이 좁은 사랑으로 친구마저도 안타깝게 여기는 사람은 아닌가?

사랑하는 사람에게 화를 내는 사람은 없다. 누군가에게 화를 내는 것은 그 순간 사랑을 잃어버렸기 때문이다.

1초를 못 기다려 소리 지른다

신호등이 녹색등으로 바뀌는 순간 1초 안에 출발하지 않으면 '빵빵' 하는 정신 차리라는 소리가 들려온다. 신호등이 바뀌는 순간 앞차가 움직일 기미가 보이지 않으면 뒤에서 빨리 가라는 소리를 보낸다. 어떤 사람들은 1초도 아닌 0.5초만 지나도 경적을 보내기도 한다.

그렇게 빨리 가야 할 일이 무엇일까? 과연 1초가 급한 사연을 가진 사람일까? 그렇게 빨리 사거리를 지나 도로를 달려 집에 도착해서 사람들이 하는 일은 소파에 앉아 뉴스를 보거나, 작고 하얀 얼굴의 연예인들을 들여다보거나, 스포츠 중계를 보는 일이다. 1초라도 빨리 가서 반드시 봐야 할 뉴스가 있는 것도 아니고 연예인의 말 한 마디를 꼭 들어야 하는 것도 아니다. 그저 빨리 가야 한다는 강박관념에 의해 이유도 없이 달려가는 것이다.

현대인들은 자신이 타고 있는 것의 속도에 의해 사는 속도가 결정된다. 자전거를 탄 사람은 자전거 속도로 살고 자동차를 탄 사람은 자동차의 속도로 살아가려 한다. 점점 빨라지는 기계에 의해 사람의 속도가 빨라지고 있다. 성격과 행동, 말과 생각도 빨라지고 있다.

딱히 할 일이 쌓여 있는 것은 아니지만 일단 빨리 가고 보자는 것이 현대인들의 공통된 사고방식이다. 자장면을 시키고 1분이 지나면 재촉하기 시작하고 음식을 시키면 5분 안에 나와서 먹기 시작해야 한다. 반찬이 먼저 차려져 있다면 정작 음식이 나올 즈음에는 반찬을 다시 가져와야 한다. 그리고 10분 안에 먹고 일어선다. 그렇게 서둘러서 시간을 조금 줄고 인격과 매너를 잃어버린다. 1분 빨리 먹고, 10분 빨리 가는 대신 그만큼의 인격을 상실한다.

물리적인 시간을 얻기 위해 성격을 손해 보는 것은 과연 잘하는 장사일까? 1초를 못 기다려 앞 사람을 불안하게 만드는 것은 나에게 어떤 유익을 가져다주는가? 1초 이상의 대단한 결과를 얻을 수 있을까?

화낼 만한 것으로
화를 내는가?

삼겹살 가게, 통닭 가게, 호프, 극장, 쇼핑센터, 수영장, 9시 뉴스, 드라마……. 대부분의 직장인들이 부지런히 서둘러서 퇴근 후에 가는 곳들이다. 이곳들이 과연 그렇게 급하게 달려가야 할 곳인가?

퇴근 인사를 건네는 사람들에게 손을 흔들어줄 여유조차 없이 일터를 빠져나와 곧장 약속 장소에 가서 자리를 잡고 앉아서는, 급할 것 하나 없고 중요하지도 않고 아무 것도 아닌 이야기를 하며 시간을 보낸다. 때로는 할 말이 없어서 서로 눈길을 외면하며 겉도는 이야기를 주고받기도 하고, 어색한 분위기를 이겨보려고 앞에 있는 음식을 집어 먹기도 한다.

차선을 조금 넘어왔다고, 옆 차선의 차가 앞으로 끼어들었다고, 커피가 싱겁다고, 설탕이 빠졌다고, 눈길이 마주쳤다고 벼락 치듯 화를 내며 산다. 그런 것들이 정말 화낼 만한 일들인가?

화낼 만큼 큰일이면 당장 해결하는 것이 우선이고, 화내고도 앉아 있을 만한 일이면 화낼 만한 일은 아니다. 대부분 우리는 아주 작은 것으로 크게 화를 내고, 별것 아닌 것을 화내서 큰일로 만든다.

일평생 화 한 번 내지 않고 사는 사람들이 있다. 온순한 성격을 타고나서 그렇다고 할 수 있지만 어떤 원인에서든 화내지 않고도 사는 사람이 있다는 것은 살면서 당하는 모든 일들은 화내지 않고도 해결할 수 있다는 의미가 아닐까.

232

많은 사람들이 화내고 있는 일들이 사실은 화내지 않아도 될 일들이다. 그저 화를 내고 싶고, 화를 조절하지 않을 뿐이다. 치밀어오르는 화가 조절이 안 된다고 하는 사람들도 있다. 조절이 안 되는 것이 아니라 조절할 생각이 없는 것이다. 어린 아이가 분위기를 살피며 울듯이 어른들도 화를 낼 만한 분위기에서만 화를 낸다.

"한 번만 더 실수하면 죽는다!"

흔히 들을 수 있는 말이다. 이 말은 정말 사람을 죽인다는 뜻은 아니다. 화를 낼 수 있는 정당한 분위기를 만들기 위한 말이다. 어떤 사람도 실수했다고 정말 사람을 죽을 상황으로 몰고 가지는 않는다. 다만 실컷 화를 내고 조금도 미안해하지 않고 당당한 표정을 짓는다. 이미 화를 낼 사전 준비를 마쳤기 때문이다. 그러나 실제로는 그렇게 화를 낼 만한 일은 아니다. 사전 준비를 잘했기 때문에 마음 편히 화를 낸 것뿐이다.

실수 한 번에 죽어야 한다면 세상에 살아 있을 사람은 하나도 없다. 실수해도 살고, 잘못해도 살고, 틀려도 살아야 한다. 살아야 할 사람에게 화를 내서 죽을 맛을 보게 하는 것은 결코 좋은 일이라고 할 수 없다.

왜 화를 내는가?

자기 생각이 많으면 화를 내는 확률도 많아진다. 함께 사는 사람들 사

이에서는 나의 생각을 줄여야 한다. 사람마다 각자의 생각을 가지고 있기 때문이다. 두 개의 물건이 마주 보고 달리면 부딪쳐서 깨지는 것처럼 두 개의 생각이 부딪치면 깨져서 상처를 입게 된다. 그리고 서로에게 화를 내는 상황이 벌어진다.

자기 생각이 가득하면 남의 생각을 받아들일 공간이 부족하기에 사사건건 시비가 벌어지고, 화가 생겨날 분위기가 만들어진다. 바람으로 가득한 풍선에 더 이상 받아들일 공간이 없음에도 계속 바람을 불어넣으면 결국 깜짝 놀랄 소리를 내며 터지고 그 안에 들어 있던 공기는 허공으로 날아가듯, 자기 생각으로 가득 찬 사람은 공간이 부족하기에 남의 생각을 받아들이기를 거부하다가 아주 작은 생각 하나가 찌르는 것을 참아내지 못해서 폭발하고 자기 안에 가두고 있던 생각마저 아무 쓸모없게 만들고 만다.

그러므로 쓸데없는 생각을 너무 많이 하지 않는 것이 좋다. 사람을 만나기 전에 어디를 갈 것인지, 무엇을 먹을 것인지, 함께 무엇을 할 것인지는 만난 후에 상대의 생각을 들어보고 결정해야 한다. 혼자 다 결정한 후에 자기 생각으로 가득 찬 마음을 가지고 사람을 만나면 누구를 만나든 부딪치게 되고 무엇을 하든 갈등을 일으키게 된다.

남의 태도를 미리 짐작하지 말고, 남의 상황을 예견하지 말고, 남의 말을 깊이 생각하지도 말고, 남의 인생을 지나치게 간섭하지도 마라. 남을 너무 많이 생각하면 화병에 걸리고, 남의 사생활까지도 나의 괴로움이 된다. 모든 일에 화가 나는 사람은 모든 것을 자기 맘대로 하려는 생각이 가득하기 때문이다. 내 인생도 내 맘대로 안 되는데 남의 인생을 내 맘대로 할 수 없는 것은 너무나도 당연하다. 쓸데없는 생각을 하지 않으면 화낼 일도 거의 없다.

화는
자살골이다

불을 다스리지 못하면 화재가 나고, 화약을 관리하지 못하면 폭발하고, 가스를 조심해서 다루지 않으면 사고가 나듯, 화를 다스리지 못하면 불행을 당하게 된다. 화는 조절되지 않으면 반드시 사고를 일으킨다. 가스가 새지 않게 정기점검을 하고 외출할 때마다 확인하는 것처럼, 폭약을 다룰 때는 숨도 크게 쉬지 않는 것처럼, 화도 조심해서 다루어야 한다. 적당히 관리하면 한순간에 돌이킬 수 없는 사고를 일으키게 된다.

화는 자기와의 싸움이다. 자기 조절에 실패하면 화를 내는 것이다. 화재와 폭탄과 가스는 내가 조심해도 남에 의해 사고가 일어날 수 있지만 화는 전적으로 자기 자신에 의해서만 문제를 일으킨다. 남이 나를 화나게 하는 것이 아니라 내가 나를 화나게 한다. 화내기로 결심하는 순간 화는 화산처럼 폭발한다.

화를 통해 가장 크게 손해를 보는 사람은 남이 아니라 나 자신이다. 남에게 화를 내지만 남은 아무 것도 손해 보지 않는다. 운 없는 날이라고 생각하고 사람 하나 잘못 만났다고 생각하면 그만이다. 그러나 화내는 나는 그후로 나쁜 사람이 된다. 참지 못하는 사람, 거친 사람, 분위기 해치는 사람, 인격수양이 덜된 사람, 가까이할 수 없는 사람이 된다.

화는 인생을 태우는 지옥불과 같다. 화가 있는 곳에 평화란 없고, 행복도 기쁨도 없다. 또한 남의 인생을 불태우는 것이 아니라 자기 인생을 불태운다. 잠깐 시원하고 후련할 수 있으나 그후로 오랫동안 끝없는 후유증과 손가락질에 시달리게 된다. 화는 남이 아닌 나 자신을 죽이는 자살골이다.

작전상 후퇴

한가한 도로 휴게소에서 대형 트럭을 운전하는 기사가 늦은 점심으로 빵과 우유를 먹으며 창밖을 보고 있었다. 오토바이를 탄 한 무리의 폭주족이 트럭 앞쪽에 나란히 멈춰서더니 트럭이 출발할 수 없도록 앞을 가로막아 세우고는 휴게소 안으로 들어왔다.

트럭 기사는 식사를 마치고 쉽게 빠져나가기 위해 가장 앞쪽에 주차하고 들어왔는데 그 앞을 폭주족들의 오토바이가 막아버린 것이다. 빵을 손에 든 기사가 뒤를 돌아보다가 폭주족과 시선이 마주쳤다. 기사는 이내 눈길을 돌려 다시 자신의 트럭을 바라보았다. 무언의 표현으로 '당신들이 내 차 앞을 막았어!' 라는 의미였다.

기사의 표정을 읽은 폭주족은 서로 눈길을 주고받으며 못마땅한 표정으로 기사 앞으로 다가왔다. 그러고는 기사가 들고 있는 빵을 가로채서 바닥으로 던져버렸고, 탁자에 놓인 빵과 우유를 자기들의 입에 넣고 우물거리며 기사를 노려보았다. 혼자서는 감당할 상황이 아니라는 것을 직감한 기사는 얼굴이 벌게져서 도망치듯 밖으로 나갔다. 폭주족들은 겁먹고 놀란 얼굴로 휴게소를 나간 기사를 조롱하는 말을 주고받으며 큰소리로 떠들기 시작했다.

"별것도 아닌 놈이 눈에 힘을 주기는……."

"남자란 놈이 작고 배짱도 없어가지고……."

"에이! 시원찮은 놈 같으니!"

"형편없는 머저리 녀석!"

그렇게 웃고 떠드는 중에 옆에서 그들을 바라보던 노인이 고개를 끄덕이며 그들을 향해 한마디 던졌다.

"그 사람이 형편없기는 진짜 형편없군. 저 운전 솜씨 좀 봐! 저렇게 시원찮은 놈이 있나! 앞에 있는 오토바이를 전부 깔아뭉개고 가는데!"

화를 내는 사람으로부터 물러나는 사람은 자기 잘못을 수긍해서가 아니다. 당장 부딪쳐서 이길 수 없기에 물러서지만 기회만 있으면 복수할 것을 다짐한다. 즉, 작전상 후퇴를 하는 것이다. 추가 공격이 가능하면 언제라도 다시 반격해올 것이다.

화를 통해 돌려받을 것은 더 큰 화를 당하는 것뿐이다. 말로 남의 체면을 깔아뭉개면 상대는 말없이 물러가서 멀쩡한 오토바이를 깔아뭉개고

간다. 화를 내고 얻는 것은 화낸 것보다 더 큰 정신적 손해와 물리적인 손실이다. 화낸 후에 돌아오는 것은 후회와 고독, 비난과 원망, 억울함과 갈등, 실질적인 손실이다.

할 수 있다면 아무 것에도 화를 내서는 안 된다. 개나 고양이, 쥐구멍의 생쥐와 진창 속의 지렁이에게도 화내지 마라. 지렁이가 파업하면 땅이 썩고, 농사꾼이 망하고, 전 세계의 낚시꾼이 탄식하게 된다.

화를 토하지 말고 소화시켜라

화목하고 건강하기로 소문난 노부부가 결혼 50주년을 맞이하여 은혼식 잔치를 열고 사람들을 초대하였다. 잔치에 참석한 사람들의 화제는 '어떻게 한 번도 싸우지 않을 수 있는가?' 와 '어떻게 그렇게 건강할 수 있는가?' 였다.

인사를 나누고 다양한 대화를 나누던 사람들이 노부부에게 이구동성으로 건강과 화목의 비결을 물었다.

"어르신! 팔순이 넘은 나이에도 그렇게 건강하신 비결이 뭔가요?"

"비결은 무슨 비결! 그냥 사는 거지!"

"그래도 남들과 다른 생활 습관이 있으실 거 같은데요?"

계속되는 사람들의 질문에 할아버지가 이야기를 꺼냈다.

"우리는 사랑으로 모든 역경을 이길 수 있을 거라고 생각했는데 신혼 여행을 갔다 온 다음날 심하게 다퉜지! 일주일 동안 갈등에 시달리고 난 후 우리는 한 번만 더 싸우면 끝장날 것 같다는 생각이 들어서 한 가지 사항에 합의했어! 말다툼이 벌어질 것 같으면 나는 모자를 쓰고 무조건 밖으로 나가서 동네 세 바퀴를 달리고 들어오기로 했지! 일단 내가 모자를 쓰면 아내는 더 이상 말을 걸지 않기로 했고!"

"아하! 그래서 부부싸움이 시작될 수 없도록 하신 거군요!"

"그렇지! 싸움이 시작될 것 같으면 두 사람이 따로 떨어져서 감정을 삭일 시간을 갖는 거였지!"

"그건 화목의 비결은 돼도 건강의 비결은 아닌 것 같은데요?"

"오십 년 동안 매일 동네를 세 바퀴씩 달린다고 생각해봐. 어떤 사람이 건강하지 않겠나? 나는 신혼 때 건강할 수밖에 없는 계약을 한 거지! 그때는 설마 내가 매일 저녁 동네를 돌게 될 거라고는 전혀 생각 못했다네!"

화를 토하면 독이 뿜어져나온다. 한 과학자는 화난 사람의 침에는 독소가 섞여 있어 화내는 사람의 침 1그램으로 생쥐 수십 마리를 죽일 수 있고 식물을 죽이고 송아지까지 죽일 수 있다고 하였다.

상한 음식은 토해내야 하지만 화는 소화시켜야 한다. 화를 소화시키지 못하면 가장 먼저 자신에게 독이 되고 함께 있는 사람들에게도 치명적인 독이 된다. 소화된 음식물은 영양분이 되어 삶의 활력소가 되지만 소화가 안 되면 병의 원인이 되듯 소화되지 않은 화도 병의 원인이 된다. 소화되지 않은 음식물은 자신에게만 병을 주나 소화시키지 못한 화는 많은 사람

들에게 병을 준다. 반면에 화를 잘 소화시키면 삶에 큰 유익이 되고 소화
능력의 향상으로 웬만한 화는 별 문제가 되지 않을 수도 있다.

화는
위험요소다

더운 여름철에 여의도에서 버스를 타고 집으로 가고 있었다. 시원한
에어컨 바람을 즐기며 창밖 풍경을 구경하고 있는데 잘 달리던 버스가 갑
자기 커다란 소리와 함께 덜컹거리며 심하게 흔들렸다. 당황한 버스기사
가 수동기어를 이리저리 움직이며 차를 안정시키기 위해 노력하는 모습
이 보였다.

다행히 덜컹거리는 것이 조금 줄어들면서 버스가 정류장에 도착했다.
한 정거장을 더 가야 했지만 나는 얼른 가방을 정리해서 탈출하듯 버스에
서 내렸다. 내리면서 돌아보니 나이 지긋한 노인 두 분 외에는 모든 사람
이 나를 따라 내리고 있었다. 그 사람들은 분명 조금 전까지 내릴 생각을
하지 않던 사람들이었다. 버스가 위험하다는 생각이 들자 다음 버스를 타
기 위해, 또는 나처럼 한 정거장을 걸어가기 위해 내리는 사람들이었다.
내려서 버스가 출발하는 모습을 본 사람들은 안도하는 듯했고, 버스가 시
야에서 사라지자 몇몇 사람은 내가 걸어가야 하는 방향으로 먼저 출발해
서 걷기 시작했다. 나도 사람들을 따라 걸어서 집으로 돌아왔다.

사람은 본능적으로 위험한 곳으로 가지 않는다. 어두운 골목으로 가지 않고, 험악한 사람에게 다가가지 않고, 사납게 짖는 개 옆으로 지나가지 않는다. 조금이라도 위험 요소가 있는 것을 발견하면 아무도 그리로는 가지 않는다. 가능한 멀리 떨어져 있으려 한다.

이처럼 위험한 것을 본능적으로 싫어하는 사람들이 자기 안에 있는 화가 얼마나 위험한 것인지는 인식하지 못하고 있다. 화는 흔들리는 버스보다 더 위험하다. 칼과 총보다 더 위험하고 핵폭탄보다 더 위험하다. 일상생활 중에서 칼이나 총을 휘두르는 사람은 없다. 핵폭탄은 더욱이 구경조차 할 수 없다. 핵폭탄을 가진 나라에서는 국가에서 엄청난 비용을 들여가며 철저하게 관리하고 있기 때문에 그것으로 인해 일상생활이 위협을 당하지는 않는다.

그러나 사람의 마음속에 있는 화는 매일 매순간 우리의 말과 태도와 행동에 영향을 주고 관계를 깨뜨리고 일을 망치고 삶을 엉망으로 만들어버린다. 칼을 잡은 사람은 손을 함부로 움직이지 않는다. 총을 잡은 사람은 손가락을 통제하기 위해 이마에 땀이 흐를 정도로 신경을 곤두세운다. 그러나 그것보다 훨씬 위험한 화는 나는 대로 부리고 휘두르며 살고 있다. 그러기에 많은 사람들이 화로 인한 부작용에 시달리며 살아가고 있다.

화는 우리가 대할 수 있는 가장 흔한 위험요소이다. 총과 칼을 피하고 위험한 지역을 피해 멀리 돌아가듯 화는 반드시 피해야 할 위험요소이다. 멀리하면 멀리할수록 유익하다. 화를 부리는 것은 부정적 본능이다. 좋을 것이 하나도 없지만 상황이 주어지면 본능적으로 표출된다. 본능을 의지로 이겨내야 한다. 독이 든 음식은 아무리 배가 고파도 먹지 않는 것처

럼 화가 본능이기는 하지만 먹으면 죽는다는 경각심으로 반드시 피하고
멀리해야 할 요소임을 한순간도 잊어서는 안 된다.

화를 다스리기 위해
돈을 써라

교사로 정년퇴직한 할아버지가 학생들과 가까이서 살기 위해 학교 근
처에 집을 마련하였다. 가르치던 학생들은 졸업해서 다 떠나고 새로 입학
한 학생들은 선생님을 그저 학교 근처에 사는 할아버지로 생각했다.

등교시간에 창문을 연 채 차를 마시고 있던 할아버지는 가까운 곳에서
들려오는 요란한 소리에 깜짝 놀라 벌떡 일어나 고개를 내밀고 창밖을 살
펴보았다. 집 가까운 곳에 놓여 있는 쓰레기통이 넘어지면서 나는 소리였
는데 학생 한 명이 걸어차는 것을 다른 학생 서너 명이 웃으며 쳐다보고
있었다. 통 속에 있는 쓰레기가 거리로 쏟아져서 바람에 날리고 학생들이
지나다니는 통학로는 쓰레기장이 되어버렸다.

빗자루를 들고 나가자 이미 학생들은 쓰레기통 걸어차기를 마치고 저
만치 걸어가고 있었다. 다음날도, 그 다음날도 똑같은 일이 반복되었다.
쓰레기통 걸어차기를 재미로 인지한 아이들은 매일 아침 할아버지의 집
앞을 지날 때마다 거리를 쓰레기장으로 만들어버렸다.

학생들을 혼낸다고 말을 들을 것 같지는 않고, 매일 청소를 하는 것도

참을 수 없는 일이고, 학교에 알려서 조치를 취하라고 할 만한 일도 아니라는 생각에 갈등하던 할아버지는 직접 문제를 해결하기로 마음먹었다.

다음날 학생들이 지나갈 때쯤, 할아버지는 쓰레기통이 보이는 근처에 의자를 놓고 앉아서 아이들을 기다렸다. 저만치서 소란하게 떠들며 서너 명의 아이들이 몰려오더니 쓰레기통 앞에 이르자 한 아이가 달려와서는 여지없이 걷어차서 통 안의 쓰레기들을 쏟아버렸다. 그 모습을 보고 다른 아이들은 박수를 보냈고 쓰레기통을 걷어찬 아이는 개선장군처럼 친구들을 향해 돌아섰다. 박수로 환영하는 친구들과 개선장군이 된 아이가 어깨동무를 하고는 학교 방향으로 돌아섰을 때, 할아버지가 아이들을 불러 세웠다.

할아버지가 자신들을 부르자 아이들은 서로를 돌아보며 기죽을 것 없다는 표정으로 다가왔다.

"그것 참 재미있구나! 축구를 보는 것보다 더 재미있는데! 심심한 할아버지에게 재미있는 일을 구경시켜주었으니 오천 원을 주마. 내일도 똑같이 해줄 수 있지?"

자신들을 혼내려고 부르는 줄 알았던 아이들은 뜻밖의 제안에 얼굴에 화색을 띠며 선뜻 오천 원을 받고 내일 다시 오겠다고 약속하고는 학교를 향해 달려갔다. 그렇게 오천 원을 받고 며칠 동안 축구공을 차듯 쓰레기통을 차던 아이들에게 할아버지가 새로운 조건을 제시했다.

"내가 돈이 떨어져서 그러는데 내일부터는 삼천 원만 받고도 똑같이 해줄 수 있냐?"

아이들은 망설이는 듯하다가 선심을 쓰듯 "좋은 일이니까 그렇게 해드리죠!" 하고 학교로 들어갔다. 삼천 원을 주던 할아버지는 며칠이 지난 후 또 다른 조건을 제시하였다.

"이제 정말 돈이 다 떨어졌구나! 하루에 오백 원밖에 줄 수 없겠다!"

할아버지의 조건에 아이들이 한목소리로 계약 파기를 선언했다.

"할아버지! 이렇게 큰 쓰레기통을 차는 게 보통 어려운 일이 아니라고요! 잘못하면 발목을 다칠 수도 있고요! 오백 원에는 안 되겠어요! 원래대로 오천 원이 아니면 다시는 쓰레기통을 차드릴 수 없어요! 그렇게 아세요!"

다음날부터 할아버지는 평온한 아침을 맞이할 수 있었다.

정말 화나는 일을 해결하고 싶다면 화를 내는 것보다 돈을 조금 쓰는 것이 낫다. 많은 사람들의 태도를 보면 문제를 해결하고 싶은 건지 싸우려는 건지 구분하기가 어렵다. 차 한 잔 값이나 식사 한 끼 정도의 작은 돈이면 충분히 해결할 수 있는 문제를 목소리로, 힘으로, 싸움으로 해결하려 한다. 결국 문제는 해결되지 않고 더 커지게 된다. 말로는 문제 해결을 위해 힘쓰고 있다고 하지만 실제로는 문제 해결이 아닌 화풀이를 하고 싶은 것 같다.

화는 화로 해결되지 않는다. 화는 화병을 부를 뿐이다. 화를 가라앉히는 것은 얼마의 돈이다. 돈으로 화를 조절할 수 있다. 돈 때문에 화를 내지 말고 화를 위해 돈을 쓰는 것이 더 현명한 처사이다. 얼마의 돈으로 화병을 막을 수 있다면 먹고 마시고 노는 것보다 훨씬 잘쓰는 것 아닐까?

사랑하면
화를 이길 수 있다

지성 모발을 가진 중학생 아들은 머리 감는 것을 싫어한다. 한여름에는 이삼 일만 안 감아도 헤어 젤을 바른 것처럼 보기 흉하고 냄새까지 나지만 아들은 전혀 신경 쓰지 않는다. 대신 가족들은 보기 흉한 꼴과 비늘 썩는 듯한 냄새에 시달려야 했다. 아들이 가까이 앉으려고 하면 오지 못하게 손짓으로 거부하지만 아랑곳하지 않는 아들로 인해 이내 가족 싸움이 일어난다. 아이의 엄마는 어떻게든 머리를 감게 하려고 방법을 강구했지만 아들은 교묘한 핑계로 엄마의 그물망을 빠져나갔다.

"내일 꼭 감을게요!"

"배고파요, 일단 먹고 나서!"

"비누 냄새를 맡으면 구토가 나와요!"

"주말에 목욕탕 가서 감을래요."

"시간 없어요!"

학교에서 친구들에게 놀림받지는 않을까를 염려한 엄마가 근심스런 표정으로 아들에게 물어보았다.

"친구들이 놀리지는 않냐?"

"친구들은 다 이해해요! 이해하지 못하는 건 엄마와 우리 식구들뿐이에요!"

아들의 대답에 엄마는 한숨과 함께 아들 머리 감기기를 포기하고 말았다. 그러던 어느 날 아들이 함께할 일이 있다며 동아리 친구들을 집으로 초대했다. 아들이 집에 들어오고 잠시 후에 동아리 친구들이 집으로 들이 닥쳤다. 그중에 고등학생으로 보이는 여학생이 한 명 같이 왔는데 친구의 누나라고 하였다. 도움 받을 일이 있어서 특별히 함께 오라고 했단다. 남 자아이들을 따라온 여학생이 소개받지도 않은 아들을 쳐다보며 뜬금없 이 자기 동생에게 물어보았다.

"얘가 그 냄새 난다는 아이니?"

"응! 맞아!"

"딱 보니 알겠다. 야! 쿵! 쿵! 아우! 골 때려온다, 골 때려. 그래도 냄새하 곤 다르게 귀엽게는 생겼네!"

엄마가 보니 그날 아들의 표정은 친구들 사이에서 가장 어두웠다. 아 무도 친구 누나의 말에 맞장구를 치지는 않았지만 다 알고는 있었다. 아 들이 말할 수 없는 수모를 겪었다는 것을.

그날 이후 아들은 늦잠을 자지 않고 일찍 일어난다. 그리고 매일 아침 머리를 감는다. 가족들 중에 아무도 머리를 감으라고 하지 않지만 일찍 일어나서 머리를 감고 학교 갈 준비를 한다. 며칠이나 갈까, 하고 지켜보 던 엄마가 아들에게 물어보았다.

"웬일이냐! 머리를 다 감고?"

"이제 관리할 때가 됐어요!"

엄마는 안다. 엄마와 온 가족의 수없이 많은 잔소리보다 처음 본 여학 생의 한마디가 더 큰 힘을 가졌다는 것을.

사랑보다 강한 힘은 없다. 사랑하면 어떤 문제도 극복하고 참을 수 있다. 냄새나서 가까이할 수 없는 아이를 내쫓지 않고 알아서 머리를 감을 때까지 기다리는 것은 냄새가 주는 역겨움보다 아이에 대한 사랑이 크기 때문이다.

치솟는 화를 이길 수 있는 것은 별로 없다. 싸움과 전쟁, 다툼과 폭력도 화를 이길 수는 없다. 도리어 화를 키우는 요소들이다. 그러나 사랑은 화산처럼 솟아오르는 화를 잠재울 수 있다. 폭발해서 하늘 높이 올랐다가 사람들의 머리 위로 흘러내리고 있는 화를 다시 주워 담을 수도 있다. 화를 가라앉히고 싶다면 방법은 있다. 화의 대상을 사랑하는 것이다.

화내지 마라

화낼 만한 것으로 화를 내는가?
커피가 싱겁다고,
설탕이 빠졌다고,
숟가락이 더럽다고 화내지 마라.
화낼 만큼 큰일이면 해결하는 게 우선이고,
화내고도 앉아 있을 만한 일이면 화낼 일이 아니다.
화낼 만한 큰일은 없다.
그저 화내고 싶을 뿐이고, 화를 조절하지 않을 뿐이다.

개나 고양이에게, 생쥐와 지렁이에게도 화내지 마라.
화날 만한 상황을 만들지 말고,
화날 만한 곳에 머물지 말고,
화날 만한 일을 하지 마라.
위험을 피하듯 화를 피하라.
돈 때문에 화내지 말고, 화를 위해 돈을 써라.

정말 문제를 해결하고 싶은 건가?
아니면 싸우고 싶은 건가?
정말 화를 가라앉히고 평화롭고 싶다면

사랑하는 것밖에 다른 비결은 없다.

내 화든 남의 화든 조절하지 않으면

인생을 태우고,

관계를 태우고,

일을 태우고,

몸과 마음을 태워서

까만 재만 남게 될 것이다.

언제 어디서 무엇을 하든 화는 내지 마라.

13chapter ♥ 나와 너와 우리로 채움

사람들은 진리를 기뻐하지 않습니다.

자기 자신을 기뻐합니다.

사람들의 관심은 진리가 아니라 자기 자신이기 때문입니다.

진실을 기대하지 않고 내 편을 기다립니다.

진리만 있는 곳에

상식과 윤리, 참과 진실, 도리와 원칙이라는 것은 없습니다.

나와 너가 있고, 우리와 너희가 있고, 자신과 남이 있을 뿐입니다.

사람들은 진실을 이야기하면서 왜 그렇게 싸울까요?

그 안에 사랑이 없기 때문입니다.

사랑이 없는 진리로는 평화를 얻을 수 없고,

행복을 얻을 수도 없습니다.

진리만으로는 부족하기 때문이죠.

세상의 모든 문제 중 가장 심각한 문제는

그 문제 중심에 사랑이 빠졌다는 것입니다.

진리 위에 사랑이 더해질 때

비로소 진리는 자기의 역할을 다할 수 있게 됩니다.

우리는 무엇을 기뻐하고
무엇을 슬퍼하는가?

사원 한 사람이 무엇엔가 정신을 빼앗긴 사람처럼 창밖을 바라보고 있었다. 업무를 처리하기 위해 자기 주위를 분주하게 오가는 동료들을 인식하지 못한 듯 마냥 창밖의 광경에 빠져 있다. 20분이 넘도록 창가에 기대서서 한쪽 방향을 주시하고 있는 그에게 동료 한 사람이 다가가서 물어보았다.

"뭘 그렇게 보고 있어?"

그러자 사원이 동료에게 도로공사 현장에서 일하고 있는 사람들을 가리키며 대답하였다.

"저기 삽을 들고 서 있는 사람 보이지!"

"그런데?"

"내가 이십 분이 넘도록 지켜보고 있는데, 남들이 일하는 동안 한 번도 삽질을 안 하고 서서 담배만 피고 있는 거야! 일하러 나와서 어떻게 저럴 수가 있어?"

그러자 동료가 그에게 물었다.

"그러는 너는 이십 분 동안 뭘 하고 있는 거야?"

"나야 뭐!"

남이 일하지 않는 것은 도리가 아니라고 생각하면서도 자기가 일하지

253

않는 것은 정당한 것으로 생각한다. 삽을 들고 20분 동안 삽질을 안 하는 사람이나, 그것을 구경하며 서 있는 사람이나 다를 바 없다. 그런데 사원은 자신도 아무 일 안 하면서 자신처럼 일 안 하는 사람을 비난하고 있다. 그는 일하러 나온 사람은 일을 해야 한다는 인간의 원칙과 도리를 잘 알고 있다. 그러나 그 원칙을 남에게만 적용하고 있다.

그가 추구하는 것은 보편적인 진리가 아니라 자기 자신의 진리이다. 일꾼이 일을 해야 한다는 일반적인 진리를 이야기하고 있지만 자기 자신은 그 진리 안에 포함시키지 않고 있다. 그의 진리와 원칙과 도리는 남을 판단하기 위한 도구일 뿐이다. 그러한 원리가 남을 판단하는 도구에서 더 발전하면 남을 죽이는 무기가 될 수도 있다. 진리는 누가 어떻게 쓰느냐에 의해 세상을 살리는 것이 되기도 하지만 세상을 죽이는 것이 될 수도 있다.

많은 사람들이 진리를 이야기하지만 자기에게 좋은 진리만을 이야기한다. 사람들은 진리를 기뻐하지 않는다. 자기 자신을 기뻐한다. 자기에게 불리한 진실은 숨기고 유리한 진실만을 이야기한다. 법원을 경험해본 사람들은 공통적으로 법원에 가장 많은 거짓말이 있다고 말한다. 가장 진실해야 할 법원의 재판과정에서 가장 많은 거짓이 만들어지고 있다는 것이다.

사람들이 객관적이라는 말을 사용하는 것은 정말 객관적인 것을 요구하는 것이 아니다. 자신에게 유리한 상황을 만들기 위한 빌미를 요청하고 있는 것이다. 세상의 모든 진리와 보편적인 가치, 상식과 양심을 이야기하는 사람들의 태도에서 발견할 수 있는 공통점은 자신은 항상 관찰자의 위치에 머물러 있다는 것이다. 자신이 잘하는 것은 아주 많이 이야기하고 못하는 것은 한 마디도 언급하지 않는다.

사람들은 진리를 기뻐하지 않는다. 자기 자신을 기뻐한다. 무엇이든, 어디서든 나에게 좋으면 좋은 것이고 나에게 좋지 않으면 나쁜 것이 된다. 내 입맛에 맞으면 맛있는 것이고 내 입맛에 안 맞으면 맛없는 것이 된다. 내가 흥미를 느끼면 재미있는 것이 되고 내 흥미를 유발시키지 못하면 따분한 것이 된다. 내 마음에 들면 좋은 물건이고 안 들면 가치 없는 것이 된다.

사람들의 관심은 진리가 아니라 자기 자신이다. 진실을 기대하지 않고 내 편을 기다린다. 상식과 양심적인 행동을 바라는 것처럼 이야기하지만 내가 원하는 대로 해주기를 바라고 있다. 진리를 이야기하지만 이야기하는 그는 항상 관찰자의 자리에 머물러 있을 뿐이다. 그로 인해 내가 저지른 큰 잘못은 아무 것도 아닌 일이 되고, 남이 저지른 작은 실수는 결코 해서는 안 될 큰 잘못이 된다.

중국 산간지방과 인도의 일부 지역에서는 부족한 영양보충을 위해 바퀴벌레를 요리해서 먹는다. 많은 사람들이 그 소식을 접하면 어떻게 사람이 그렇게 더러운 벌레를 먹느냐고 반문한다. 그것은 이미 못 먹는 것으로 결정지은 사람들, 먹을 것이 풍족해서 '바퀴벌레를 먹을 수 있지 않을까?' 라고 상상하지 못하는 사람들의 시각에서 나오는 치우친 견해일 뿐이다.

고기를 구할 수 없는 사람들에게는 그것이 중요한 영양 간식이 될 수 있다. 바퀴벌레를 먹느냐 못 먹느냐의 문제는 상식이냐 아니냐 혹은 그럴 수 있느냐 없느냐의 문제가 아니라 사람이 어떠한 환경에 처해 있느냐의 문제다. 사는 곳과 위치가 바뀌면 사람은 전혀 다른 생각과 결론을 내릴 수도 있다.

상식과 윤리, 진리와 진실, 도리와 원칙이라는 것은 없다. 나와 너가 있고, 우리와 너희가 있고, 자신과 남이 있을 뿐이다.

사람들은 진리를 기뻐하지 않는다. 자기 자신을 기뻐한다. 자신을 기뻐하는 사람에게 진리를 기대할 수는 없다. 그를 통해 나오는 것은 진리로 가장한 자기추구, 상식으로 포장된 이기심 같은 것들이다. 자기 맘에 들면 진리를 말하지만 자기 맘에 들지 않으면 진리를 숨기고 내버린다. 자기를 추구하는 사람이 진리를 따질 때는 자기에게 유리할 때뿐이다.

재난의 원인

"우리 계란이야!"

"아니야, 우리 거야!"

"우리 집 닭이 낳은 거니까 우리 계란이지!"

"우리 집에 들어와서 낳았으니까 우리 거야!"

두 소년이 계란 하나를 가지고 싸우고 있다. 한 소년의 집에서 기르던 암탉이 옆집으로 넘어가서 계란을 낳았는데, 두 소년은 서로 계란을 갖고 싶은 욕심에 자기 것이라고 우기며 싸우고 있었다. 두 소년은 자기들이 알고 있는 모든 지식을 동원해서 계란이 자기 것이라는 이유를 설명하였다. 오후 늦게 시작된 말다툼이 그치지 않고 계속되자 계란을 낳은 집의 엄마가 밖으로 나왔다.

두 아이가 싸우는 것을 보고 말리려고 했던 엄마는 당돌하게 따지는 옆집 아이의 태도가 괘씸해지기 시작하였다. 결국 화가 난 엄마는 힘으로 옆집 아이를 밀치고는 계란을 줄 수 없다고 하였다. 울면서 집으로 들어간 아이를 따라 닭을 기르는 집 엄마가 나왔다. 곧이어 엄마들의 싸움이 시작되었다.

"애 좀 똑바로 키워!"

"뭐? 우리 애가 어디가 어때서? 키 작은 당신 애보다 훨씬 낫고만!"

"키만 크면 뭐해! 못생기고 돼먹지 못한 게 지 부모하고 똑같은데!"

"아니, 애들 일 가지고 왜 부모까지 욕하는 거야?"

"욕먹을 짓을 하면 욕먹어도 싸지!"

"그깟 계란 하나 때문에 이럴 수 있는 거야?"

"그래, 나는 계란만 보면 성질 더러워진다! 어쩔래?"

아이들의 계란 하나로 시작된 싸움이 엄마들의 감정싸움으로 번져서 해결될 기미가 보이지 않게 되었다. 처음에 싸움을 시작했던 아이들이 소리치고 고함을 질러대는 엄마들을 걱정스런 눈으로 바라보고 있을 때, 계란을 낳은 집 남편이 일을 마치고 집으로 돌아왔다.

남편은 싸움을 말리려 다가갔다가 도리어 싸움에 휘말리게 되었다.

싸움은 3대 2가 되어 끝나는 듯하다가 상대편 남편이 퇴근하여 돌아오자 더 큰 싸움이 되었다. 아이는 아이들끼리, 엄마는 엄마들끼리, 남편은 남편들끼리 소리치며 한참 동안 신경전을 벌였다.

그러다가 닭을 기르는 집 남자가 갑자기 자기 집으로 달려들어갔다. 화를 참지 못한 그는 집에 있던 석유통을 들고 나와서는 옆집 문 앞에 뿌리더니 불을 질러버렸다.

계란을 낳은 집 가족들은 자기 집에 불이 붙자 불을 끌 생각은 않고 불붙은 물건들을 옆집 담장 안으로 집어던졌다. 두 집을 다 태운 불이 사그라지자 양쪽 집 사람들의 감정도 사그라졌다.

밤이 되어 잠을 잘 시간인데 잠을 자러 들어갈 집이 다 타버리고 말았

다. 서로 잘못했기 때문에 누구에게도 책임을 물을 수가 없었다. 하늘을 바라보던 한 남편이 무심히 말을 던졌다.

"어쩌다 우리가 이렇게 되었지?"

"도대체 우리가 지금 무슨 일을 한 거야?"

"원인이 뭐야?"

아이가 대답했다.

"계란 한 개 때문에 그랬어요! 그냥 내가 줄 걸 그랬어!"

사랑이 없는 진리는 싸움의 원인과 찌르는 무기가 된다

톨스토이의 단편 「재난의 원인」이라는 이야기다. 아주 작은 것으로 시작된 싸움이 집을 다 태우고 나서야 그쳤다는 내용이다.

세상의 모든 싸움은 진리 싸움이다. 진리를 지켜야 한다는 열망에 전쟁을 일으키기도 한다. 자신의 생각이 맞는다고 생각하면 절대로 양보하지 않는다. 옳은 일 때문에 많은 사람이 죽고 다투는 일이 일어난다.

자신이 가진 것이 진리라는 확신은 그로 하여금 죽음을 불사하는 용사가 되게 한다. 그러나 그 결과는 그리 대단하지도, 거룩하지도 않다. 온갖 아픔과 상처, 희생과 고통을 치른 후에 아주 작은 진리 하나를 고수한다.

진리가 참진리가 되기 위해서는 사랑이 함께 있어야 한다. 사랑이 없는 진리는 싸움의 원인이 되고, 사람을 죽이는 무기가 되고, 선한 사람을 잔인한 인간으로 바꾸는 악마의 주술이 된다.

어떤 사람도 거짓으로 싸움을 시작하지 않는다. 자신이 틀렸다는 생각을 하는 순간 사과하고 뒤로 물러선다. 그러나 자신의 것이 진리라는 확고한 생각을 갖는 순간부터는 어느 누구와도 타협하지 않는다. 자신의 진리와 상반된 견해를 가진 사람은 누구라도 원수가 되고, 싸워서 이겨야 할 대상이 된다.

여당의 말을 들으면 여당 말이 옳고, 야당의 말을 들으면 야당 말이 옳다. 피해자의 말을 들으면 피해자가 불쌍하고 가해자의 말을 들으면 가해자도 피해자가 된다. 회사의 말을 들으면 직원들이 너무하고, 노조의 말을 들으면 회사가 너무한다. 양쪽 다 진실을 이야기하기 때문에 듣고 있으면 누구에 동조해야 할지 고민에 빠질 수밖에 없다.

왜 진실을 이야기하면서 그렇게 싸우는가?

그 안에 사랑이 없기 때문이다. 사랑이 없는 진리로는 평화를 얻을 수 없고, 행복을 얻을 수 없다. 진리만으로는 부족하다. 옳고 그른 것의 기준은 진리가 아닌 사랑이어야 한다. 상반된 견해로 싸우는 사람들의 말을 듣고 바른 결정을 내리는 것은 불가능하다. 가장 바른 결정은 서로를 사랑하도록 하는 것이다. 진리인가 아닌가, 옳은 것인가 아닌가를 통해서는 해결되지 않는다. 사랑인가 아닌가를 살펴보면 아주 쉽게 해결된다. 세상의 모든 문제 중 가장 심각한 문제는 그 문제 중심에 사랑이 빠졌다는 것이다.

하나에 담긴
여러 가지 의미

과거를 치른 선비 세 사람이 합격자가 발표되기 전에 어떤 결과가 나올지를 알아보기 위해 유명한 고승을 찾아가서 물어보았다. 고승은 선비들을 향해 손가락 하나를 들어 보이고는 돌아가라고 하였다. 선비들이 손가락 하나에 어떤 의미가 담겨 있는지를 묻자 "결과가 나오면 알 수 있습니다!" 라고 하고는 더이상 대답을 해주지 않았다.

선비들이 돌아가자 그의 제자들이 고승에게 물었다.

"스승님, 손가락 하나가 무슨 의미입니까?"

"선비들이 생각하는 모든 결과가 담겨 있지!"

"손가락 하나에 어떻게 여러 개의 뜻을 담을 수 있습니까?"

"한 명도 떨어지지 않는다, 한 명도 붙지 않는다, 한 명만 합격한다, 한 명만 떨어진다. 하나 안에 모든 상황이 다 들어 있지 않느냐? 어떤 결과가 나오더라도 내 말은 틀리지 않느니라."

"그런 것은 누구나 알 수 있는 내용 아닙니까?"

"점괘라는 것이 알아서 도움 될 것 하나 없으니 점 보러 다니는 시간에 글 하나라도 더 보는 것이 나은 일이니라!"

모든 것은
해석하기 나름

고승의 말처럼 세상만사는 누가 어떻게 보느냐에 따라 의미가 달라진다. 미움으로 바라보면 모든 것이 미워서 항상 화난 사람으로 살게 되고, 사랑으로 바라보면 모든 것이 좋아서 기쁨으로 살게 된다. 마음이 상하고 기분이 나쁜 이유는 사랑으로 바라보지 않기 때문이다.

주위를 바라보며 화가 나는 것은 화를 내고 싶은 마음으로 사물을 해석하기 때문이다. 화내기로 결심하는 순간 모든 사람은 화를 내게 된다. 화내면 죽는다는 의사의 말을 들은 환자는 아무리 화날 만한 상황에 처해도 화를 내지 않는다. 건강을 위해 화를 내지 않기로 결심했기에 모든 것을 화내지 않을 상황으로 인식하게 된다.

화를 참지 못해서 자주 싸운다는 사람들은 자신도 모르게 저절로 화가 나는 것이 아니다. 스스로 화낼 준비를 하고 있다가 적당한 상황이라는 판단이 서면 화를 내는 것이다. 사람은 상당히 계획적으로 화를 낸다. 준비되지 않은 화는 절대 밖으로 표출되지 않는다. 갑자기 화를 내는 것도 사실은 오래전부터 화낼 준비를 하고 있었기 때문이다.

진리는 날카롭고 예리하다. 사랑이 없는 진리는 무엇이든 절단하는 천하무적의 칼과 같다. 진리이기 때문에 대항할 논리도 없다. 싸우는 사람들은 모두 진리를 휘두르며 싸운다. 맞는 말 때문에 상처와 아픔이 생긴다. 예리한 진리는 사람의 마음과 영혼까지 찌르고 잘라서 돌이킬 수 없는 질병에 이르게 한다. 사람의 마음속에 있는 상처와 아픔은 다 맞는 말 때문에 생겨난 것들이다.

진리보다 사랑이 우선이다. 진리로 바라보면 분노가 일어나도 사랑으로 바라보면 모든 것이 이해된다. 누구에게나, 어떤 사건에나 사연이 있고 이유가 있기 때문이다. 그러므로 화를 내는 것은 외적 환경 탓이 아니다. 화를 낼 상황으로 해석하는 자기 자신 탓이다.

명백한 잘못과 실수는 싸움의 원인이 되지 않는다

도로에서 무단횡단을 하거나 운전 중 규정위반으로 경찰에게 걸려 벌금 고지서를 받아야 할 상황에 도움이 될 행동지침이다.

- 어머니께서 위독하셔서 빨리 가야 한다고 조른다.
- 안 된다고 하면 '우리 아버지가 어떤 분인지 아느냐?' 고 소리치며 대든다.
- 그래도 보내주지 않으면 아버지가 누구인지 솔직히 밝힌다.
- 그러고도 여전히 잡혀 있다면 그냥 벌금 고지서를 받아온다.

벌금 고지서를 받아야 할 상황에 처했을 때는 빌기도 하고 큰소리도 쳐보다가 안 되면 고지서를 받아와야 한다는 내용이다.

잘못한 것이 분명하고 숨길 수 없을 때는 모든 싸움이 종결된다. 아무도 잘못한 사람이 없을 때, 서로가 억울할 때 끝없는 싸움이 시작된다. 둘 중 하나가 자기 잘못을 깨닫거나 잘못한 것이 명백해져야 싸움이 끝난다.

틀린 것과 잘못된 것은 싸움을 일으키지 않는다. 잘못한 사람이 사과하면 더 이상 싸워야 할 명분이 없기 때문이다. 한 사람은 미안한 마음으로 책임을 감수하고 다른 사람은 이해하거나 책임을 전가하면 끝이다. 양쪽 모두 진리를 가졌을 때만 싸움이 끝없이 계속된다.

사랑이 먼저인가, 진리가 먼저인가

철없는 사람은 사랑보다 진리를 중요시한다. 그래서 자주 싸우며 갈등 속에 철부지 같은 행동을 한다. 생각이 무르익지 못한 사람은 정의와 진실을 앞세운다. 그에게 사람은 중요한 요소가 되지 못한다. 그의 눈에는 사람이 보이지 않고 사실과 사건만 보인다. 사건의 진위에 빠진 사람은 혈기와 감정을 조절하지 못해서 거친 진실로 세상을 소란하게 한다.

사랑이 빠진 것으로 선한 결과를 얻기는 하늘의 별따기만큼이나 어렵다. 진리와 진리가 부딪치면 무력과 폭력을 낳는다. 진리와 사랑, 사랑과 사랑이 부딪쳐야 비로소 인간다운 결과를 얻을 수 있고, 아름다운 결말을 기대할 수 있다. 사랑은 진실과 정의보다 앞에 있어야 한다.

법이 우선인가, 사람이 우선인가?

법은 사람을 위해 만들어진 것이다. 모든 사람이 법보다 사람이 우선이라고 말은 한다. 그러나 현실은 법에 의해 사람이 외면당하고 있다. 사람이 우선이라고 하지만 시비가 벌어지면 법을 가까이하고 사람을 멀리한다.

사람이 우선인가, 질서가 우선인가?

순서를 기다리는 사람들 중간에 새로운 사람 하나가 끼어들면 싸움이 일어난다. 왜 중간에 끼어들어야 하는지를 알아보기도 전에 질서를 지키라고 소리치고, 질서를 깨뜨린 사람에 대해 거친 눈빛과 말들이 전달된다. 그 한 사람이 인정되면 모든 질서가 깨지기 때문에 질서를 위해 사람을 공격할 수밖에 없다고 한다. 그러나 그 한 사람 정도는 눈 감아줘도 그리 크게 달라질 것은 없다. 다만 사람들은 누군가 내 앞에 서는 것을 용납하지 못하는 것이다. 질서라는 핑계로 사람은 양보하기 싫은 마음을 정당화할 뿐이다.

사랑을 알면
진리가 새롭게 보인다

봄 가을 없이 밤마다 돋는 달도 예전엔 미처 몰랐어요.

이렇게 사무치게 그리울 줄도 예전엔 미처 몰랐어요.

달이 암만 밝아도 쳐다볼 줄을 예전엔 미처 몰랐어요.

이제금 저 달이 설움인 줄은 예전엔 미처 몰랐어요.

김소월의 시「예전엔 미처 몰랐어요」이다. 사랑의 열병을 앓고 난 이후 달을 바라보며 예전엔 깨닫지 못했던 감정들을 알게 되었다는 내용이다. 사랑을 알기 전에 보던 달과 사랑을 알고 난 후의 달은 같은 달이 아니다. 아무 것도 모를 땐 그저 의미 없이 뜨는 달이었는데, 실연을 겪고 난 후의 달은 슬픔과 연민, 아픔과 사무치는 그리움이 되었다.

사랑을 알고 나면 진리도 이전 진리가 아니다. 사랑을 깨우친 후의 진리는 사랑의 시녀가 된다. 사랑을 따라가는 진리는 사람을 살리고 세상을 구하는 진리가 된다. 사랑을 위해 진리를 사용할 줄 알게 된다.

사랑의 눈으로 보는 세상과 진리의 눈으로 보는 세상이 다르고, 사랑으로 보는 성경과 학문으로 보는 성경은 전혀 다른 책이 된다. 사랑의 눈을 가진 사람은 성경을 통해 하느님의 사랑과 용서를 발견하고, 학문의 눈으로 보는 사람은 성경에서 하느님의 정죄와 심판을 발견하고 문학과 철학의 재료를 찾아낸다.

사랑 없는 진리의 눈으로 성경을 연구하는 사람은 냉정한 기독교인, 분노의 사역자, 무자비한 신앙의 용사가 되기도 한다. 그러한 예는 중세시대의 수많은 종교전쟁을 통해 익히 보아온 것들이다. 어떤 눈을 가졌느냐에 의해 진리의 모양이 결정된다. 진리는 부드럽고 온화할 수 있지만 냉정하고 잔인할 수도 있다.

사랑은
사람이다

사랑의 기준은 사람이다. 사람에게 나타나는 결과로 사랑인지 아닌지를 알 수 있다. 말로는 사랑이라며 "다 너를 위해서 그러는 거야!"라고 하지만 상대의 마음속에 분노가 일어나고 눈빛이 원망으로 가득하다면 그것은 사랑이 아니다.

아무리 맞는 이야기를 해도 사람을 화나게 하는 것은 정말 맞는 이야기를 하는 것이 아니다. 자기가 하고 싶은 말, 자기 분풀이를 하고 있는 것이다. 도리와 예절을 이야기하고 원칙을 설명한다고 해도 듣는 사람의 표정이 어두우면 그것은 사랑이 아니다. 그런 도리와 예절은 사람을 찌르는 바늘이나 칼과 다를 바 없는 무기이다.

사랑은 불의를 보면 슬퍼지고 억울함을 보면 눈물을 흘린다. 공정함과 진실을 보면 즐거워진다. 사랑은 질서를 지킨다. 질서를 깨는 것은 사랑이 아니다. 무질서는 미움에서 일어난다. 질서를 통해 많은 사람이 행복하기 때문이다. 그러나 질서와 사랑이 갈등을 일으킬 때는 사랑을 선택해야 한다. 사람에게 가장 절실하게 필요한 것은 질서가 아니라 사랑이기 때문이다.

아무리 중요하고 큰 것이라고 해도 사람을 아프게 하는 것은 그것이 무엇이든 사랑이 아니다. 사랑이라는 핑계로도 사람을 힘들게 하지 마라. 규칙이나 약속으로도 사람을 몰아붙이지 마라. 사랑은 사람이다. 사랑을 평가할 수 있는 내용은 사람이다.

사람에게
집중하라

　화목하게 사는 작은아버지 집을 방문한 청년이 식탁에 둘러앉아 이야기를 나누던 중 화목한 가정의 비결이 무엇인지를 물어보았다.

　"비결은 없어. 그냥 사는 거야!"

　"그래도 다른 집들과는 다르잖아요! 사십오 년 동안 한 번도 싸우지 않으셨다고 그러던데요!"

　"싸운 기억은 없지!"

　"그렇게 싸우지 않고 사신 비결이 뭐라고 생각하세요?"

　"굳이 말한다면 상대의 말을 흘려넘기기라고나 할까!"

　"상대 말을 무시한다는 거예요?"

　"무시는 아니고, 상대방의 기분이 상했거나 화가 났을 때 하는 말에는 귀를 기울이지 않는 거야! 집안에 어려운 일이 생겼거나 감정이 안 좋을 때, 분위기가 험악할 때, 문제가 있을 때는 상대가 하는 말에 귀를 기울이면 안 돼! 함께 살기 시작하면서 우리는 좋은 상황에서만 서로의 말에 귀를 기울였지!"

안 좋은 상황에서는 상대의 말에 귀를 기울이지 않는 것이 다투지 않는 비결이 된다. 진실을 이야기하고 바른 말을 할지라도 그가 하는 말보다 그 자신에게 집중해야 한다. 상한 감정에서 나오는 말은 상처 난 곳에서 흐르는 진물과 같다. 그것은 짜서 버려야 하는 것처럼 상처 입은 마음에서 나오는 말은 귀를 기울여야 할 말이 아니라 흘려버려야 할 말이다.

말하는 내용보다, 겉으로 표현하는 태도보다 사람 자체에 집중하면 들어야 할 말과 흘려보내야 할 말을 구분할 수 있게 된다. 마음과 생각, 말과 태도는 얼마든지 바뀔 수 있는 것들이다. 바꿀 수 있는 것, 조금 지나면 바뀌는 것에 집중하면 바꿀 수 없는 사람에게 무심하게 되고 돌이킬 수 없는 문제에 이르지 않는다. 사람이 세상을 사는 동안 모든 상황 속에서 결코 잊어서는 안 되는 것 하나는 사람에게 집중하는 것이다.

사랑과 진리

많은 사람들이 진리를 이야기하지만
자기에게 불리한 진실은 숨기고 유리한 진실만을 이야기한다.
가장 진실해야 할 법원에 가장 많은 거짓이 있다.
사람들은 진리를 기뻐하지 않는다. 자기 자신을 기뻐한다.
내가 재미 없으면 나쁜 영화,
내가 맛 없으면 나쁜 음식,
내 마음에 안 들면 나쁜 물건이 된다.
세상 모든 싸움이 진리싸움이다.
옳은 것 때문에 전쟁이 일어난다.
진리라는 확신에 의해 죽음을 불사하는 전투가 시작된다.
옳고 그른 것보다 사랑인가 아닌가를 생각하라.

내가 화나는 건 전적으로 내 실수다.
화내기로 결심하는 순간 화를 내게 된다.
사랑 없는 진리는
무엇이든 찌르고 잘라버리는 천하무적의 날카로운 칼이다.
진리이기 때문에 대항할 논리도 없다.
맞는 말 때문에 상처와 아픔이 생겨난다.

사랑이 없고 진리만 가진 자는

세상에서 가장 위험한 인물이다.

그 예리한 진리로

사람의 마음과 영혼까지 찌르고 잘라서 병들게 한다.

아무도 잘못이 없을 때, 끝없는 싸움이 시작된다.

사랑하기 위해서는 차라리 틀리고 잘못해서 고치는 것이 낫다.

사랑을 알고 나면 진리가 이전 진리가 아니다.

진리는 사랑의 시녀가 된다.

예의범절, 질서, 도리, 원리원칙 때문에,

규칙이나 약속 때문에 사람을 괴롭히지 마라.

사랑이라는 말을 평가할 수 있는 내용이 사람이다.

사랑은 사람이다.

초판 1쇄 인쇄 2011년 12월 20일
초판 1쇄 발행 2011년 12월 26일

지은이 | 김홍식
그린이 | 유영호
펴낸이 | 전영화
펴낸곳 | 다연
주　소 | (121-854) 경기도 파주시 문발읍 문발리 535-7 세종출판벤처타운 404호
전　화 | 070-8700-8767
팩　스 | (031) 814-8769
이메일 | dayeonbook@naver.com
ⓒ 김홍식, 유영호

ISBN 978-89-92441-22-3(03320)